Kulinarische Streifzüge durch Niedersachsen

Karin Iden

Kulinarische Streifzüge durch Niedersachsen

Mit 75 Rezepten,
exklusiv fotografiert
für dieses Buch
von
Hans Joachim Döbbelin

SIGLOCH
EDITION

Zum Titelbild auf Seite 2: Niedersachsen, das ist eine Fülle von Eindrücken, wobei Ruhe und Bedachtsamkeit sowohl in der Landschaft als auch bei ihren Bewohnern vorherrschen. – Ruhig, das bedeutet jedoch in keinem Fall langweilig, und wer die Weite des Meeres, der Felder und der Heide gesehen hat, wer die alten Bauernhöfe und schönen Fachwerkhäuser besucht und in den Gasthäusern die gute Küche Niedersachsens probiert hat, der kommt sicher nicht nur einmal wieder.

© 1985/1987 Sigloch Edition, Künzelsau. Verlagsleitung: Hans Kalis
Nachdruck verboten. Alle Rechte vorbehalten. Printed in Germany
Redaktion und Herstellung: Mathias Müller und Günther Schmidt,
Sigloch Edition, Künzelsau/Stuttgart
Satz: Setzerei Lihs, Ludwigsburg
Reproduktion: Eder Repros, Ostfildern
Druck: Erasmusdruck, Mainz
Papier: 135 g/qm BVS der Papierfabrik Scheufelen, Lenningen
Bindearbeiten: Buchbinderei Sigloch, Künzelsau
Auslieferung an den deutschen Buchhandel: Stürtz Verlag, Würzburg
ISBN 3 8003 0248 9

In einen Topf werfen lassen sie sich nicht so leicht, die Niedersachsen – dazu ist das Land zwischen Meer und Marsch, zwischen Geest und Gebirge zu vielfältig. Wie macht man sich ein solches Land, seine Bewohner und deren Küche schmackhaft?
Wir sind nach dem Rezept vorgegangen, die Zutaten auf einer kulinarischen Rundreise zusammenzutragen. Eine Prise Geschichte kam dazu, ein Schuß Kultur – und die Würze lieferte der bemerkenswerte Humor der doch als so stur verschrienen Niedersachsen. Angesichts eines so reichen Fundus an Zutaten kann dieses Rezept keinen Anspruch auf Vollständigkeit erheben – wer es verfeinern möchte, sollte das Seinige dazutun.
Die zünftige ostfriesische Teestunde zum Nachtisch wird übrigens als Extragang serviert – im Band „Kulinarische Streifzüge durch Friesland", denn diese Küche stellt unserer Ansicht nach ein ganzes Kapitel für sich dar.
Noch eins: Wer nicht nur die feinen, sondern auch die deftigen Spezialitäten des Landes richtig auskosten will, sollte das nach Art der Niedersachsen tun: ruhig und mit Bedacht.

Autor und Verlag

Niedersachsen – von Braunschweig bis Cumberland

„Die Einwohner sind durchaus schneckenfarbig, bleich von Farbe, weich von Fleisch und eingeschrumpft. Ihre kleinen, runden Figuren stechen von den schlanken Deutschen in südlicheren Gegenden stark ab. Rote Wangen sieht man unter dem Mannsvolk fast gar nicht, und sie sind auch unter dem Frauenzimmer seltener als weiter gegen Süden. Man lebt wie in Dänemark schiffsmäßig von gesalzenem Fleisch, welches sie sehr schmackhaft zu machen wissen, von Fischen, Hülsenfrüchten und Branntwein, den auch die gemeinen Weibsleute aus großen Gläsern trinken. Von dem schönen Obst und dem vortrefflichen Gemüse, worauf andere deutsche Völker, besonders die Schwaben und die Rheinländer, so viel halten, weiß man hier nichts. Das Volk ist unempfindlich, schwerfällig, finster und zum Teil auch unreinlich, doch ist es, besonders im Hannöverschen, nicht so wild und ungesittet wie das dänische ..."

So bissig äußerte sich vor zweihundert Jahren Johann Riesbeck über die Niedersachsen. Mag er den Niedersachsen Unrecht getan haben oder nicht – mit seinen bemerkenswert anerkennenden Worten für die „schmackhafte" Zubereitung von „gesalzenem Fleisch" hat er tatsächlich eine Spezialität der niedersächsischen Küche erfaßt. Und seine Schilderung vom Branntwein, „den auch die gemeinen Weibsleute aus großen Gläsern trinken", erinnert verdächtig an den in Niedersachsen gepflegten Brauch, Feste aller Art mit einer Branntweinkaltschale zu begießen.

Um aber gleich dem Vor-Urteil zu begegnen, die Trinkgewohnheiten stünden bei den Niedersachsen an erster Stelle und die Küche des Landes sei leicht auf einen Nenner zu bringen, nun zu einer kulinarisch-kulturellen Rundreise, die uns zuerst in die Landeshauptstadt Hannover führen soll, wo man ja immerhin nicht ganz „so wild und ungesittet" sein soll. Allerdings ganz anderer Meinung ist da offenbar der Volksmund. Auf die rhetorische Frage nach der „wildesten Stadt der Bundesrepublik" hat ein Hannoveraner die erwartete Antwort gegeben: „Hannover, is doch klar – man hat sie ja schon vor Jahrhunderten an die Leine gelegt." Eine ausführlichere, aber nicht minder eigenwillige Definition von Hannover lieferte der Heidedichter Hermann Löns. Durch die Brille der „Schulaufsätze des Aadje Ziesenis" hörte sich das so an: „Die Stadt Hannover ist 250 000 Einwohner groß und liegt in Preußen an der Leine. Früher lag sie im Königreich Hannover. Bis Bismarck kam ... Hannover wird einseitig von einem Wald umgeben, der die Aalenriede heißt. Andererseits wird sie von anderen Gegenden umgeben, z. B. Masch, Ohre, Schneller Graben, Linden. Die Stadt Hannover hat viele Straßen, das feinste ist die Georgstraße. Die ist man halb, denn auf der anderen Seite sind Anlagen, z. B. Kaffee Kröpcke und Hoftheater. Die Stadt Hannover hat keinen Kaiser, wie Berlin, sondern einen Stadtdirektor, das ist der Oberste, seit das mit dem Marktturmwärter aufgehört hat."

In dieser Beschreibung steckt schon eine Men-

Anfängern bereitet es gewisse Schwierigkeiten, eine „Lütje Lage" zu trinken, und haben sie den Trick nach vielen Versuchen endlich „raus", beginnt es schon wieder mit den Schwierigkeiten ...
Nächste Doppelseite: Jährlich erfreuen sich über eine Million Besucher an den vorbildlich gepflegten Anlagen des Herrenhäuser Parks.

ge drin – über den Humor nach Art des Landes und auch über die Geschichte. Das gibt uns Gelegenheit, eine der bekanntesten Hannoveraner Spezialitäten vorzustellen: den Leibniz-Keks. Bereits vor dem Ersten Weltkrieg brachte die Firma Bahlsen diesen feinen und dabei gleichzeitig knackigen Keks auf den Markt, unter dem Namen des Philosophen, der zweihundert Jahre zuvor das Bild von Stadt und Land auf beeindruckend vielseitige Weise mitgeprägt hatte: Gottfried Wilhelm Leibniz entwarf für die Kurfürstin Sophie die Maschinerie der Fontänen, die auch heute noch die Besucher des Schloßparks von Herrenhausen mit ihren Wasserspielen erfreuen. Ferner konstruierte er eine Rechenmaschine für alle Grundrechenarten bis zu sechsstelligen Zahlen, fertigte erste Pläne für den späteren Mittellandkanal, richtete Kassen für die Altersversorgung und Arbeitshäuser für Arbeitslose ein, engagierte sich als Wirtschaftsplaner und war dabei auch noch Historiograph des Welfenhauses. Dabei stammte er nicht einmal von hier – aus Leipzig war der Alleskönner dem Ruf des Herzogs Johann Friedrich an den Hof gefolgt.

Leibniz kam gerade recht zur „Goldenen Zeit von Herrenhausen". Die Hochkonjunktur der Harzer Silberbergwerke und der rigide Verkauf der eigenen Landsleute als Soldaten an Hessen ermöglichte dem Hannoveraner Hof ausschweifende Anschaffungen, die einem Vergleich mit Versailles standhalten sollten: Aus Italien wurden Orangenbäume und Statuen herbeigeschafft, dazu kamen Gemälde aus Holland und Porzellan aus China. Und ein weiterer berühmter Zeitgenosse fand sich am Hof ein: Georg Friedrich Händel, der als Hofkapellmeister 1710 in Hannover anfing und vier Jahre später seinen Kurfürsten Georg Ludwig, den neuen König von England, als Hofkomponist nach London begleitete.

Die Königswürde von England für den Hannoveraner – das war der Höhepunkt einer traditionellen Verbindung mit dem Inselvolk jenseits des Kanals, die schon in den grauen Vorzeiten Hengists und Horsas begonnen hatte.

„Hannover ist ein England im Kleinen", befand denn auch Liselotte von der Pfalz. Kein Wunder, daß in solcher Atmosphäre die berühmte Cumberlandsauce entstehen konnte. Diese klassische Soße zu kaltem Fleisch, Pasteten und Wild wurde eigens für die Hoftafel des Herzogs Ernst-August von Cumberland kreiert. Ein kulinarisches Denkmal in den traditionellen Farben gelb und weiß setzten die Welfen aber auch ihrem eigenen Stammhaus: den Welfenpudding, der küchentechnisch allerdings gar kein Pudding, sondern ein Flammeri mit Weinschaumcreme obendrauf ist.

So genau sollten wir das nicht nehmen – denn schließlich stammen auch die Welfen gar nicht aus dem Niedersächsischen. Um das Jahr 800 saßen sie noch in Augsburg, aber sie verstanden es schon frühzeitig, ihren Einfluß von Norditalien bis nach Niedersachsen auszudehnen. Im 12. Jahrhundert unternahm Heinrich der Löwe bereits von der Braunschweiger Burg Dankwarderode aus seine Vorstöße bis nach Pommern und bis zum Rhein.

Den Höhepunkten ihrer Karriere als Könige von England bis 1837 und als Könige von Hannover bis 1866 folgte unweigerlich der Abstieg. 1936 waren die Welfen so knapp bei Kasse, daß sie ihre Gärten der Stadt verkauften. Das herrschaftliche Schloß wiederum verbrannte im Bombenhagel des Zweiten Weltkriegs. Was an Gärten und Gebäuden geblieben ist, aber wird gehegt und gepflegt. Fast sechs Millionen Mark ist Hannover der Unterhalt Herrenhausens bisher wert gewesen. Dafür lustwandeln aber auch eine Million Besucher pro Jahr in den geometrisch angelegten Gärten mit ihren lauschigen Pavillons und Springbrunnen und der Blütenpracht zur Sommerszeit. Nicht zu vergessen das älteste deutsche Gartentheater von 1692 und das Wilhelm-Busch-Museum im Wallmodenschlößchen.

Die Hannoveraner sehen den Wandel der Zeiten und der Besucher mit Gelassenheit – vielleicht bei einem guten Glas Herrenhäuser, Lindener, Ricklinger oder hannoverschem Gildebier. Vielleicht aber auch bei einer „Lütjen Lage", die als hannoversche alte Trinksitte sogar schon ins Lexikon eingegangen ist.

Auch wenn der alte Schützenadler – heute im Braunschweigischen Landesmuseum – nur einen einzigen „tödlichen Treffer" aufweist, waren in Niedersachsen die Schützenfeste schon immer sehr beliebte Veranstaltungen.
Nächste Doppelseite: Die engen Bande, die früher zwischen Hannover und England bestanden, geben sich auch in verschiedenen Rezepten und Gerichten zu erkennen. Die Cumberlandsoße ist auf kulinarischem Gebiet wohl der berühmteste Nachweis für diese traditionelle Verbindung.
Ihre Zubereitung: 1 Gläschen Rotwein wird aufgekocht, dann werden die hauchdünnen Schalen einer Zitrone und einer Orange (beide ungespritzt) zusammen mit einer geschälten und fein gewürfelten Schalotte dazugegeben. Das Ganze muß 10 Minuten köcheln und dann abkühlen. In der Zwischenzeit werden Johannisbeergelee, Salz, Ingwerpulver, Cayennepfeffer und Senfpulver in einem Schälchen verrührt und dann in die kalte Rotweinmischung gegeben. Schließlich wird mit einem Schuß Portwein abgeschmeckt.
Die Soße paßt besonders gut zu kaltem Braten, kalten Pasteten oder zu Wild.

Cumberlandsoße

Heidhungrig und heißhungrig

Für Turnvater Jahn war sie die „berufenste Landschaft Deutschlands, die hohe Einsamkeit und ein Gefühl der Unendlichkeit vermittelt". Hans Christian Andersen fand hier den Stoff, aus dem die Märchen sind. Eher bedrückt fühlte sich dagegen der Dichter Eichendorff durch die Einsamkeit, und Gesellschaftstheoretiker Friedrich Engels sprach sogar vom „Abschreckenden, Trostlosen der norddeutschen Sahara". Im Kreuzfeuer von Meinungen und Gefühlen: die Lüneburger Heide – weite Ebene, Heidschnucken und Wacholderbüsche neben weißsandigen Wegen, zwischendurch ein paar Kiefernwälder und natürlich die zur Herbstzeit zartviolett blühende Heide.

Natürlich? – Nur bedingt. Denn ursprünglich standen hier Eichen- und Birkenwälder, dazu einige Sträucher wie Vogelbeere und Blaubeere und auch ein bißchen Heidekraut. Diesem Urwald rückten schon vor fünftausend Jahren die Vorfahren der Heidjer mit Steinbeilen und Feuer zu Leibe. Und da es keine Weidewiesen gab, tat sich auch das Vieh darin gütlich. Den Rest gaben dem schon gelichteten Wald im Mittelalter die Lüneburger Salzsieder, die Unmengen von Holzkohle für ihre Siedepfannen brauchten. Nachfolger des Waldes wurde „ein schöner und lustiger kleiner Busch, mit vielen kleinen braunfarbenen Zweiglein besetzt, die ganz zierlich mit den allerkleinsten Blättchen bekleidet sind; anzusehen wie die wohlriechende Zypressenpflanze". So beschrieb der Botaniker Hieronymus Bock 1546 die Gemeine Besenheide, die kein Kraut, sondern ein Zwergstrauch ist.

Die Lüneburger Heide – hier beim Totengrund – wird bisweilen immer noch als Paradebeispiel für eine ursprüngliche Naturlandschaft genannt, obwohl gerade sie durch rücksichtslosen Kahlschlag im Mittelalter entstanden ist.

Was folgte, war ein einmaliges Zusammenspiel von Mensch, Tier und Natur. Denn die Heide konnte nur überleben, wenn sie regelmäßig von den Schafen beknabbert wurde. Dabei zerrissen die Schnucken gleichzeitig Spinnweben, die den Bienen hätten gefährlich werden können. Die Bienen aber sicherten mit dem Bestäuben der Heideblüten die Nahrung der Schafe und lieferten dem Imker Kerzenwachs und Honigzucker. Und schließlich noch der Heidebauer: Er bekam Fleisch auf den Tisch, Wolle zum Stricken und konnte auch noch Plaggen in seine Ställe streuen oder als Dünger auf die Felder – die Wurzelpolster des Heidestrauchs, die mit Hacken losgeschlagen wurden.

Der empfindliche Kreislauf brach zusammen, als Ende des letzten Jahrhunderts der Fortschritt die Heide ereilte: Kunstdünger begann die Plaggendüngung abzulösen, die Zuckerrübe verdrängte den Honigzucker, und die Heidschnuckenwolle kam gegen die Konkurrenz der australischen Schafwolle nicht mehr auf.

Solange die bäuerliche Heidewirtschaft funktionierte, waren die Heidjer noch unter sich. Außerdem sorgten die Reisenden, die in den letzten beiden Jahrhunderten die Heide besuchten, in der Öffentlichkeit eher für Negativreklame, wenn sie vom „schlechtesten Landstrich" sprachen und von „elenden Katen, in denen Mensch und Tier gemeinsam hausen".

Ein anderes Bild vom Heidjer lieferte Anfang des Jahrhunderts Hermann Löns: „Der echte Heidbauer ist kein Freund des Wirtshauses. Nur nach dem Kirchgang trinkt er mit Freunden sein Glas, oder an Markttagen. Und wenn er im Wirtshaus ist, so mißt die ererbte Mäßigkeit ihm die Gläser zu. In allem sind sie mäßig und bedächtig. Sie essen, wie sie arbeiten, sie sprechen ebenso. Sie wissen, daß Hast und Eile nur schadet. So ruhig, wie sie Twicke in die Heide

Obwohl die moderne Zeit auch in der Lüneburger Heide Einzug gehalten hat, gehören noch immer die Heidschnuckenherden zum typischen Bild dieser Landschaft, und die Bockauktionen, wie hier in Müden an der Örtze, sind nach wie vor gut besucht.

setzen, so ruhig schneiden sie ihr Brot, so ruhig setzen sie ihre Worte." Auf einmal begann man die Heide mit anderen Augen zu sehen. Hatte Heinrich Heine noch an einer Dame bemängelt, ihr Busen sei so flach und trostlos öde wie die Lüneburger Heide, so räumte Friedrich Engels schon ein: „Die Heide ist genug gescholten worden, man hat es auch verschmäht, ihre seltenen Reize, ihre versteckten poetischen Beziehungen aufzusuchen."

Zur Rehabilitierung der Heide trug Löns auf seine Weise bei: Die Bestseller „Der Wehrwolf" oder „Mümmelmann" erreichten Millionenauflagen. Mit der Folge, daß die Heide als Sommerfrische populär wurde. Löns sah nun mit Spott die Kehrseite der Medaille: „Die Oerika blüht! hallt es durch die Städte und die Stadtmenschen, heidhungrig und heißhungrig nach Blumen und Sonne, kommen angezogen, erfüllen die Stille mit Liedertafelgesang, raufen bündelweise das blühende Heidekraut aus, hinterlassen Papierfetzen und Flaschenscherben und schwärmen von Heidfrieden und Heidpoesie und kehren wieder heim und denken, daß sie die Heide nun kennen."

Heidhungrig und heißhungrig sind sie auch heute. Die Gastronomen sind darauf eingestellt, das auf den Tisch zu bringen, was Besucher als typisch für die Heide empfinden: zum Kaffee die Buchweizentorte, als obligatorische Beilage zur Mahlzeit Heidekartoffeln, vor allem aber Heidschnuckenbraten, dessen wildähnliches Aroma weder mit Hammel- noch mit Lammbraten zu verwechseln ist.

Heidschnuckenkeule, Heidschnuckenragout. Oder darf es lieber Zunge oder Lende sein? Heidschnucke in jeder Form. Geschäftstüchtige Heidjer bieten sogar Heidschnuckenmettwurst zum Mitnehmen an, die in vierbeinige Häute von entfernter Ähnlichkeit mit dem Schaf eingenäht sind. Damit haben sie sozusagen die touristischen Zeichen der Zeit mit der Tradition auf einen Nenner gebracht, denn das Wurstmachen war schon immer Spezialität der Heidjer.

Und wenn wir auf der Zunge zergehen lassen, wie liebevoll die Heidebauern selbst eine einfache Fleischwurst mit Thymian, Majoran, Salbei, Liebstöckel und anderen Gewürzkräutern anreichern, dann scheint ein kurzer Abstecher in die Heide als Kräutergarten erforderlich.

Kerbel, Petersilie, Koriander, Kümmel, Bohnenkraut und Pfefferminze – all die guten Küchenkräuter gediehen vorzüglich auf Heideboden und wurden gern verwendet: zum Verfeinern von Speisen oder zur Herstellung von Suppen. Ein Kilo wilder Taubnesselblätter oder statt dessen Meldenkraut – mit Salz, Pfeffer, Wasser und einem ordentlichen Stück Räucherfleisch wurde eine vorzügliche Suppe daraus. Auch Tees gegen mancherlei Gebrechen brühten sich die Heidjer auf. Hierfür waren insbesondere die Kräuterweiblein zuständig, von den einen als weise Frauen geehrt, von den anderen als Hexen verfemt. Aberglaube und konservatives Denken sind im Heidjertum so tief verwurzelt, daß man in abgelegenen Heidedörfern noch heute Wacholder über Haus- und Stalltüren nagelt, um sich vor Übeln aller Art zu bewahren. Da dürften die alten Germanen ihren Einfluß geltend gemacht haben, denn die schätzten Wacholder schon als Lebens- und Gesundheitsspender.

Belebend wirkt Wacholder in der Tat, besonders, wenn er als Zusatz zu Gin oder Klarem genommen wird, nach dem Motto: „Im Kurzen liegt die Würze..." Aber ernsthaft: Aus kärgsten Böden wie Moor, Kalkstein oder Heide holt der Wacholder allerhand heraus – Öle, Mineralien und Vitamine, die als Destillat aus den Beeren die körpereigene Abwehr steigern und den Stoffwechsel anregen. Auch zum Sauerkraut, dem Nationalgericht der Deutschen, gehören seit eh und je ein paar Wacholderbeeren – sie geben dem Kohl eine unverwechselbare Geschmacksnuance und machen ihn verträglicher für den Magen.

Aber weiter – es ging um die Wurst. Auf ihren Schlachtfesten pflegten die Heidjer früher einen Teil des Fleisches frisch für Suppen und Braten zu nehmen, den Rest aber zu dauerhaften Mettwürsten, Leber- und Grützwürsten zu verarbeiten. Oder zu Kopfwurst, bei der Rinderkopffleisch mit Hafergrütze, Zwiebeln, Salz und Pfeffer vermengt wird. Und dann brieten sich die Heidjer auch gern noch eine Extrawurst: Grütze, Fleisch und fette Brühe wurden zu „Pottwost" gekocht, in Leinenbeuteln (deshalb auch Beutelwurst) oder in flachen Schalen zum Erstarren gebracht und bei Bedarf als „Pannenwost" kleingeschnitten und gebraten. Und da wir auf den Geschmack gekommen sind, gleich noch eine Kostprobe aus der Heideküche: die Lepelkost. Gelöffelt wurde eine Suppe aus dem Sud von gekochtem Rindfleisch mit Buchweizenklößen. Das Fleisch war hier „nur" Beilage auf einem Extrateller, ebenso das abgeschöpfte Fett, in das die Heidjer Pellkartoffeln stippten.

Auf solche Heidespezialitäten darf der auswärtige Gast an den Touristenstraßen kaum hoffen. Eher schon auf eine Heideforelle, die vielleicht von Gut Schnede an der idyllischen Luhe stammt. Hier legte 1912 der Hamburger Konsul Wiedenbrück die größte Forellenzuchtanlage des Landes an. Die wohlschmeckenden Bachbewohner von Schnede kommen weit herum: In die gesamte Bundesrepublik und sogar nach Übersee werden sie versandt. Und wenn sie geräuchert werden, dann nach alten Rezepten. Erst trocknet man sie über Buchen- und Lärchenholz, dann werden sie gegart und – des Aromas wegen – über Buchensägespänen in den Rauch gehängt. Um den in früheren Zeiten vielgepriesenen Fischreichtum der Heidegewässer ist es indessen schlecht bestellt. Gewässerverschmutzung und -begradigungen haben höchstens dem Karpfen eine Überlebens-

Niedersachsen wurde schon sehr früh von Menschen bewohnt, das zeigen auch die vielen Megalithgräber. – Hier eines der sieben Steinhäuser bei Fallingbostel. Staunend stehen wir vor diesen Zeugnissen technischer Hochleistung der „primitiven Steinzeitmenschen", und mit dem volkstümlichen Ausdruck „Hünengrab" wird heute noch den einstigen Erbauern Respekt gezollt.

chance gelassen. Die Zeiten, da behördlicherseits noch angeordnet werden mußte, dem Dienstpersonal höchstens zweimal pro Woche Lachs zu servieren, sind eben unwiderruflich vorbei: Der letzte Lachs in Deutschland wurde vor fünfzig Jahren in der Elbe gefangen.

Und womit stärkte sich schon im Mittelalter der Schäfer, wenn er mit seiner Schnuckenherde unterwegs war? Mit kalten Buchweizenpfannkuchen und – Heringen. Tatsächlich, den Meeresfisch Hering hatte es schon damals von Nord- und Ostsee in die Heide verschlagen, und zwar auf dem Weg über die alte Salzstraße. Die Heidjer, bezüglich dieser „Neuheit" auf dem Speisezettel gar nicht konservativ, pflegten die mit Salz konservierten Heringe zu wässern und noch einmal zu konservieren – diesmal im Rauch.

Und da wir schon einmal beim Konservierungsmittel Salz sind: Mit dem „weißen Gold", zum Haltbarmachen von Fisch und Fleisch überall begehrt, machten im Mittelalter die Lüneburger ein Vermögen – und eine Macht geltend, die ihnen von ihrer sonstigen Größenordnung her nicht zugestanden hätte. Verständlich, wenn man bedenkt, daß Lüneburg damals mit zeitweilig fünfhundert Beschäftigten in der Saline den größten Industriebetrieb des Mittelalters besaß und das Monopol für die Verarbeitung und Verteilung von Salz im ganzen Norden Europas. Auf dem Wasserweg gelangte das Salz über Ilmenau, Elbe, Stecknitz und Trave und weiter auf der Ostsee bis Nowgorod. Über Land rumpelten die Holztonnen in Fuhrwerken auf den seinerzeit ziemlich unwegsamen Salzstraßen bis ins ostpreußische Reval.

Reichtum und Einfluß verdankten die Lüneburger gewissermaßen einem Standortvorteil. Das Salz, als Rückstand ausgedehnter Urzeitmeere, lag ihnen nur dreißig Meter tief zu Füßen, nachdem es die Erdzeitalter vom Tertiär bis zur Eiszeit entgegenkommenderweise mit der darüberliegenden Gipsschicht hochgepreßt hatten. Die naheliegende „Sulte" blieb den Lüneburgern nicht lange verborgen. Mit Ziehbrunnen, später mit Pumpanlagen förderten sie die Sole aus der Tiefe und kristallisierten das Salz dann in bleiernen Siedepfannen heraus (unter denen der vorher erwähnte Lüneburger Wald verheizt wurde). Und das schon frühzeitig: Von 956 stammt die erste urkundliche Erwähnung des Salzabbaus, in der König Otto I. die Einkünfte aus dem Salzzoll der Saline von *Liuniburc* dem Benediktinerkloster St. Michael am Kalkberg übertrug. Sechseinhalb Jahrhunderte hielt der Stadtstaat seine marktbeherrschende Position; dann brachten zunächst die Wirren des Dreißigjährigen Krieges den Handel zum Erliegen, und später war es die billige Konkurrenz der Meersalzproduzenten in Nord- und Osteuropa, die die Förderung unrentabel machte. Und obwohl die Saline seit 1980 ihre Werkstore endgültig geschlossen hat, macht sie sich noch von unten her bemerkbar: Auf dem buchstäblich ausgelaugten Boden senken sich die schönen alten Häuser mit den barocken und neugotischen Fassaden immer mehr ab. Lüneburg zahlt mit einer Verbeugung Tribut für die Goldquelle vergangener Tage...

Nicht genug mit dem weißen Gold – in der Lüneburger Heide ist auch schwarzes Gold vertreten. Immerhin: Deutschlands bedeutendste Erdöllagerstätte. Die schwärzliche Flüssigkeit, die aus den Wiesen und Feldern bei Gifhorn und Celle austrat, hatten die Bauern schon vor

Ihren Reichtum haben die selbstbewußten Lüneburger Bürger auch durch die prächtige Ausschmückung ihrer Häuser dokumentiert. Die Gerichtslaube des Lüneburger Rathauses ist der älteste Ratssitzungssaal Deutschlands und mit einer der schönsten.

dreihundert Jahren entdeckt und als „Smeer" zum Schmieren von Wagenrädern oder zum Imprägnieren benutzt. Sogar als Medizin mußte das Erdöl herhalten, denn – siehe da – es helfe gegen „Fistelen, Teigwartzen und faule stinckende Schäden, zerteilet Beulen, ist gut denjenigen, die der Schlag und Paralysis gerühret haben, auch für Schwindel und Hauptweh, den Erbgrind und Nasengeschwer und hilft fürs Schwindeln der Glieder", bemerkte schon im 16. Jahrhundert Leonhardt Thurneysser zum Thurn, der Leibarzt des Kurfürsten von Brandenburg.

Professioneller ging man 1857 das Erdöl bei Wietze an. Da wurden immerhin schon telegrafenmasthohe Bohrtürme gesetzt, um das schwarze Gold sprudeln zu lassen. Ölscheichs wurden die Heidjer trotzdem nicht. Als sich allmählich herausstellte, daß das Erdöllager zu zerrissen war und damit die Ausbeute zu gering im Verhältnis zum Aufwand, war der Traum vom schwarzen Gold vorbei. 1963 stellte man die Förderung ein, und der Landstrich sank wieder in seine Abgeschiedenheit zurück.

Noch abgeschiedener freilich präsentiert sich das Wendland, östlicher Nachbar der Lüneburger Heide. Eingekeilt in die innerdeutsche Grenze, wartet das wendländische Dreieck zwischen Bleckede, Schnackenburg und Lüchow trotzdem mit Superlativen auf – allerdings, wie es zu der abgelegenen Landschaft paßt, auf der Minimalskala: Mit 41 Einwohnern pro Quadratkilometer ist der Kreis Lüchow-Dannenberg der am dünnsten besiedelte in der Bundesrepublik. Und Schnackenburg ist als eine der kleinsten Städte der Bundesrepublik immerhin Zollgrenzhafen für die Schiffe, die von hüben nach drüben wechseln. Und schließlich: Im Wendland hat sich über Jahrhunderte eine Siedlungsform erhalten, die im westlichen Europa einzigartig ist – das Rundlingsdorf. Ob aus

Intakte Moorlandschaften, wie hier an der Seege bei Gartow im Wendland, gibt es immer weniger, und es bedarf erheblicher Anstrengungen, diese Rückzugsgebiete für seltene Pflanzen und Tiere zu erhalten.

Angst vor Überfällen oder aus Gemeinschaftssinn: Die Wendländer ordneten ihre fachwerkverzierten Backsteinhäuser kreisförmig um einen zentralen Rundplatz an – mit nur einer Zufahrtstraße. An die Reetdachhäuser schlossen sich nach hinten die dazugehörigen Ländereien an. Seltsam klingende slawische Namen zieren die schönsten, noch heute erhaltenen Rundlingsdörfer: Schreyahn, Güstritz, Satemin und Reetze im Oberen Drawehn; Göttien, Jameln und Breese nördlich von Lüchow. Trotz aller Abgeschiedenheit: Die Wenden backen keine kleinen Brötchen. Im Gegenteil: Sie lassen andere große Brote backen – Besucher von auswärts, die auf dem Wendlandhof in Lübeln altes Brauchtum im Alltag erleben können und dabei auch Hand an den alten Backofen legen dürfen. Richtig rund geht es in Lübeln alljährlich beim Schlachtfest im Februar, bei dem sich Gäste gern eine Scheibe vom Schwein abschneiden dürfen.

Überhaupt – wenn es ans Feiern geht, beweisen auch die Heidjer ungeahntes Temperament. Zum Beispiel beim Faslamsfest zu Beginn der österlichen Fastenzeit im Frühjahr. Ursprünglich wurde zu diesem Fest nur der Faslamspeter irgendwo im Dorf versteckt, eine Strohpuppe aus der letzten Garbe des Sommers, in der nach altem Glauben der böse Korngeist spukt. War er aufgestöbert und auf dem Scheiterhaufen verbrannt, konnte das Fest beginnen – mit „Schnurren", bei dem von Haus zu Haus Nahrhaftes für den letzten gro-

Auch wenn die Form des Rundlingsdorfes – hier Lübeln – ursprünglich zu einem guten Teil aus Furcht vor fremden Eindringlingen gewählt wurde, bedeutet das noch lange nicht, daß auch heute noch fremde Gäste den Bewohnern unerwünscht wären. Die Feste jedenfalls sind hier mindestens genauso rund wie die Dörfer, und Besucher sind dabei immer willkommen.

ßen Schmaus vor Aschermittwoch erbettelt wurde, Kartenspiel und Tanz – und vielleicht auch einer kleinen Wirtshauskeilerei.
Andere Zeiten, andere Sitten: Inzwischen verbinden viele Heideorte das Faslamsfest mit Anleihen beim rheinischen Karneval. Augenfälliger Mittelpunkt des närrischen Treibens ist heute meist ein großer Festumzug mit Wagen, die liebevoll und oft für viel Geld zu Themen ausgestaltet werden, bei denen sich das Herz des Bürgers Luft machen möchte. Da kommen die Ölkrise und die Spendenaffären der Parteien zum Vorschein – oder sollte man besser sagen: in Fahrt? Und der Landwirt, der seinen Traktor so oft im Graben „parkte", wird ebenso durch den Kakao gezogen wie der Bürgermeister von Winsen an der Luhe. Der mußte sich schon Handschellen anlegen, an den Marterpfahl stellen und in einen Kessel übers Feuer stecken lassen ...

Der historische Kern der Rattenfängersage liegt nach wie vor im Dunkeln, was jedoch die Hamelner keineswegs daran hindert, Rattenfängerspiele abzuhalten. Denn die Touristen lassen sich, genauso wie in der Sage die Kinder, vom Rattenfänger anlocken, und nach der Besichtigung des alten Rattenfängerhauses in der Osterstraße hat wohl jeder seinen Tribut an die Stadtkassen entrichtet. – Dem Rattenfänger sei Dank!

Krumme Rotwurst und veilchenblauer Kohl

„Das kalte Wesen der Deutschen findet seine Erklärung in ihrer Nahrung: Schwarzbrot, Butter, Milch und Bier. Sie trinken indessen auch Kaffee, aber sie müßten Wein haben, und zwar vom besten, um ihren schwerfälligen Muskeln Lebendigkeit zu verleihen. Sie können nicht leben ohne Frauen. Sie haben viele Kinder. Wenige tragen Hörner. Bemerkenswerte Vertrauensseligkeit. Beweis: die zahlreichen Geldsendungen durch die Post."

Dieses bemerkenswerte Kurzporträt „der Deutschen" muß sich Henry Beyle, besser bekannt unter dem Pseudonym des Moralisten Stendhal, offenbar bei den Braunschweigern abgeguckt haben. Notiert ist es jedenfalls 1806 in seinem „Tagebuch in Braunschweig", das er seinerzeit in Diensten der französischen Besatzung verfaßte.

Zumindest was seine Beschreibung der heimischen Küche angeht, hat er den Braunschweigern unrecht getan – oder hat er es etwa niemals vorgesetzt bekommen, eines der feinsten Gemüse auch der französischen Küche? Dann müßte er allerdings wirklich Pech gehabt haben, denn schließlich liegt Braunschweig inmitten einer Landschaft, die für ihren Spargel berühmt ist. Die beste Sorte heißt nicht von ungefähr „Ruhm von Braunschweig". Und berühmt ist das junge Gemüse aus Braunschweiger Landen vor allem wegen seiner Zartheit. Die Braunschweiger „schlürfen" deshalb den Spargel, mit hauchdünn geschnittenem Schinken, Heidekartoffeln und heißer brauner Butter...

Und zumindest noch eine weitere Beschreibung von Stendhal scheint nicht ins Bild der Braunschweiger zu passen. Denn dafür, daß sie ein „kaltes Wesen" zeigen sollen, gibt es auffällig viele Leute mit Humor hier. Zum Beispiel Till Eulenspiegel, den Schalk aus dem nahegelegenen Kneitlingen, der mit Vorliebe seine Mitmenschen aufs Glatteis führte und ihnen den Spiegel vorhielt, indem er sie allzu wörtlich nahm. Zum Beispiel einen Braunschweiger Bäckermeister. Dort hatte sich Till als Geselle verdingt. Auf die Frage, was er backen solle, antwortete der zum Scherzen aufgelegte Meister: „Du willst ein Bäckersknecht sein und fragst, was du backen sollst? Was pflegt man denn zu backen? Eulen und Meerkatzen natürlich!" Gesagt, getan. Am nächsten Morgen machte der Meister allerdings große Augen, als er sah, daß Eulenspiegel tatsächlich den ganzen Teig zu Eulen und Meerkatzen verarbeitet hatte statt zu Semmeln, und verlangte Schadenersatz. Till bezahlte für den Teig, packte seine Eulen und Meerkatzen ein und dachte bei sich: „Du hast oft gehört, man könne nichts so Seltsames gen Braunschweig zu Markte bringen, aus dem man nicht Geld löse." Und als er am nächsten Tag sein Gebäck vor der Kirche feilbot, waren die Braunschweiger wirklich davon so angetan, daß er viel mehr Geld herausbekam, als er dem Bäcker gegeben hatte. Der war natürlich wütend, als er davon erfuhr, und wollte Eulenspiegel nun auch noch Geld für das Holz und das Backen abknöpfen. Aber da war der Schalk schon über alle Berge, und der Bäcker hatte das Nachsehen.

Eulenspiegels Geburtsort soll im Braunschweigischen liegen, und hier hat er auch einen Bäckermeister genarrt. – Heute jedoch wäre so mancher Bäcker froh, hätte er einen so gewitzten Gesellen wie Till, der aus dem einfachen Brotteig Kunstwerke schaffen kann, die sich noch schneller verkaufen lassen als die schon sprichwörtlichen warmen Semmeln.

Wie Eulenspiegel sich zu Braunschweig bei einem Bäcker als Bäckerknecht verdingte, und wie er Eulen und Meerkatzen buk.

Von ganz anderer Art war der Humor Wilhelm Raabes: umständlicher, argwöhnischer und philosophischer. Einem jungen Mann, der ihn einst um ein paar Zeilen für sein „Freundschaftsalbum" gebeten hatte, soll er hineingeschrieben haben: „Es gibt drei Klassen von Freunden. Erstens solche, für die man immer da sein muß, zweitens solche, die mit einem Staat machen möchten, und drittens solche, die einen in Ruhe lassen. Die dritte Klasse ist mir am liebsten."

Humor bewiesen aber nicht nur Eulenspiegel und Raabe, sondern auch ihre Mitbürger, wie eine weitere Anekdote beweist: Vor Weihnachten erhielt Wilhelm Raabe von seiner Tochter Margarete den Auftrag, auf dem Braunschweiger Wochenmarkt einen Hasen fürs Fest auszusuchen – aber nicht so zerschossen sollte er sein, sonst müsse sie ja die Schrotkörner alle einzeln herauspulen. Auf dem Markt prüfte Raabe daraufhin die Hasen so gründlich, daß eine Händlerin ungeduldig wurde. Ob daran etwas auszusetzen sei? Darauf Raabe: „O nein, liebe Frau, nur – die Hasen kommen mir doch recht zerschossen vor." – „Wat seggt Se dor", fuhr da die Händlerin auf, „ich hüür woll nicht richtig? Oder glövt Se, dat sik de Braunswieger Hasen Ehrn toleev dootlachen?"

Und weil's so lustig ist, noch eine Glosse nach (und über die) Braunschweiger Art:

In einem angesehenen Braunschweiger Eisenwarengeschäft, wo es anno 1840 noch recht patriarchalisch zuging, wird beim gemeinsamen Mittagessen einer der Angestellten vermißt. Der Chef findet ihn auf dem Lagerhof, wo ein Bauer mit ihm um einen Radreifen feilscht:

„Tja, nu seggen Sei mal, schall ick den groten nehmen oder den lüttchen? Ick glöwe, der grote ist tau grot."

„Na, denn nehmet sei man düssen hier, dä is en betten lüttcher."

„Tja, det segget Sie so, weene aber de lüttche tau lüttch is, wat'n denne?"

Nach längeren ergebnislosen Verhandlungen hält schließlich der Chef dem Bauern die Uhr vor die Nase und stellt ihm ein Ultimatum: „Noch fief Minuten, un wenn Sei denn noch nicht klar ekomen sünt, lat ick Sei rutsmieten!" Nun entschied sich der Bauer doch ganz schnell für den größeren Reifen. Wenige Tage später sieht der Chef vor seiner Haustür den Mann vorbeigehen und hört ihn zu seinem Begleiter sagen: „Wenn de mal wat köpen moßt, denne gah in düsse Dör, sau 'ne prompte Bedienung wie heier findste in ganz Bronswieck nich!"

Mit seinen Renaissancegiebeln und Fachwerkfassaden zählte Braunschweig, das auch den Dreißigjährigen Krieg relativ unbeschadet überstanden hatte, zu den schönsten Städten Deutschlands. Dafür schlug der Zweite Weltkrieg um so härter zu: Neunzig Prozent der Innenstadt mit ihren historischen Bauten fielen ihm zum Opfer. Seine Glanzzeit hatte Braunschweig im späten 18. und Anfang des 19. Jahrhunderts, als der Hof prominente Besucher anzog – darunter Lessing, dessen „Emilia Galotti" 1772 im Braunschweiger Hoftheater uraufgeführt wurde. Dafür kam der Dichter vom benachbarten Wolfenbüttel herüber, wo er als Bibliothekar die schon damals berühmte Schriftensammlung des Herzogs August zu Braunschweig und Lüneburg betreute. Mit mittlerweile 600 000 Bänden ist Wolfenbüttel noch heute eine Fundgrube für Wissenschaftler, und die Handschriftensammlung ist mit 12 000 Exemplaren eine der größten der Welt.

Von der leichter oder schwerer verdaulichen Lektüre zurück zu den leiblichen Genüssen. Denn die Braunschweiger haben durchaus mehr auf der Pfanne als nur „Schwarzbrot, Butter, Milch und Bier". Zum Beispiel ihr Steek-Essen aus Anlaß der winterlichen Schlachtfeste. Wobei gesagt werden muß, daß es sich bei dem Steek um gut durchwachsenes Schweinefleisch handelt. Mit Lorbeerblättern, Gewürzkörnern und einer Zwiebel gekocht, wird es nach dem Abkühlen als Well- oder Kesselfleisch in Scheiben geschnitten und zu Sauerkraut oder frischem Gerstenbrot mit Senf serviert. Dazu paßt natürlich gut ein zünftiges Einbecker plus Korn. Oder soll's vielleicht lieber eine Mumme sein? Dieses unvergorene, würzige Dunkelbier mit über fünfzig Prozent Malzextrakt soll ein gewisser Christian

Mumme bereits 1492 zusammengebraut haben. Die Braunschweiger genossen es zweifach: als einfache Stadt-Mumme und als doppelte Schiffs-Mumme, die auch mal auf Reisen mitgeschickt wurde. Und was anderswo die Frühlingssuppe, das ist den Feinschmeckern hier das Frühlingsessen: eine bunte Gemüsesuppe mit Blumenkohl, Erbsen, Möhren, Champignons – und natürlich Spargel, obendrein noch Rindfleischwürfel, Markknochen und Grießklößchen.

Auch das süße Leben ist den Braunschweigern nicht fremd: Die berühmten Honigkuchen aus Heidehonig und Weizenmehl von den fruchtbaren Lößböden der Umgebung waren schon in alten Zeiten in aller Munde – und so begehrt, daß sich eine eigene Gilde der Honigkuchenbäcker formierte. Und natürlich die Prilleken – zur Fastnacht wurden früher ganze Berge dieser Hefeteigbällchen gebacken. Wenn die Kinder dann von Haus zu Haus zogen und sangen: „Fasselnacht, wat willst je geben? Appel oder Beeren? Geld nehmt wi gern. Lat ösch nicht tau lange stahn, denn wi willt noch wider gahn" (Fastnacht, was wollt ihr geben? Äpfel oder Birnen? Geld nehmen wir gern. Laßt uns nicht zu lange stehen, denn wir wollen noch weitergehen), war es ratsam, lieber gleich ein paar Prilleken zu spendieren, wenn man nicht mit den mitgebrachten Tannenreisern gekitzelt werden wollte.

Nach denselben Spielregeln vollzog sich die Fastnachtsfeier im nahegelegenen Harz. Zur früheren Goslarer Bergmannsfastnacht klopften auch oft die Nachbarskinder an, wenn es nach dem heißen Schmalz duftete, in dem die Prilleken gebacken wurden: „Schönen Gruß von maane Mutter, ich sollte mal fragen, ob wir unsere Prilleken in Ihrem Fette backen könnten – dafür könnten Sie Ihr Flaasch in unserer Suppe kochen."

Zur Geschichte der Harzer Küche ist ein Ausflug in die Geschichte der Landschaft nötig. Stolze 400 Millionen Jahre alt ist das über 900 Meter hohe Mittelgebirge, das unmittelbar in die Norddeutsche Tiefebene vorstößt. Hier gingen bis ins Mittelalter die deutschen Könige ungestört auf Jagd nach Elchen, Uren und Bären, denn das rauhe Klima und die urwüchsige Vegetation luden nicht eben zum Siedeln ein. Goslar freilich rückte schon früher in den Brennpunkt der Geschichte: Im Rammelsberg hatte man schon im 10. Jahrhundert Silber, Kupfer und Blei entdeckt. Angesichts solcher Schätze entwickelte sich Goslar schnell zur wohlhabenden Handelsstadt, in der deutsche Geschichte gemacht wurde. Hier entzweiten sich Welfen und Staufer, als Heinrich der Löwe Ansprüche auf Goslar geltend machen wollte. Kaiser Friedrich Barbarossa, der Staufer, machte ihm einen Strich durch die Rechnung, worauf der Löwe beleidigt seine Unterstützung beim Italienfeldzug zurückzog. Hier, in der Kaiserpfalz Heinrichs III., war auch ein Papst zu Gast: Viktor II. Außerdem besaß Goslar als erste deutsche Stadt ein Rathaus an seinem Marktplatz. Daß die hauptsächlich aus dem späten Mittelalter stammenden Bürgerhäuser und zwischen ihnen die trutzigen Bauten des Mittelalters noch besichtigt werden können, hat Goslar dem glücklichen Umstand zu verdanken, daß es sowohl vom Dreißigjährigen Krieg als auch vom Zweiten Weltkrieg verschont blieb.

Kärglicher als ihre Brotherren in Goslar lebten die Bergleute, die das Erz zu Tage förderten. Aus dem Erzgebirge, aus Thüringen und Franken waren sie für die harte Arbeit im dünn besiedelten Harzinneren angeworben worden, und so mengten sie die Rezepte ihrer Heimat zu einem Harzer Eintopf zusammen, der vor allem mit den Zutaten „Einfach, Billig und Kraftspendend" zubereitet wurde. Nach solcher Art ist zum Beispiel der Eintopf mit dem skurrilen Namen Runx-Munx: Steckrüben, Kartoffeln, Weißkohl und Birnen oder Äpfel gehörten hinein. Im Unterharz und in den reicheren Bördenlandschaften tat man auch schon mal ein ordentliches Stück Schweinefleisch oder Speck dazu. Aus dieser zweiten Hälfte des Harzes, die heute jenseits der innerdeutschen Grenze liegt, stammen auch die weitgerühmten Halberstädter Klöße. In den Dörfern um Halberstadt aß man sie vorzugsweise donnerstags, und zwar

In Einbeck sind noch viele der alten Fachwerkhäuser aus dem 16. und 17. Jahrhundert erhalten. Ihr reicher Schmuck läßt erkennen, wie mächtig und selbstbewußt ihre damaligen Erbauer und Bewohner waren.

mit Speck, während sich die Gebirgsdörfler an der Bode mit „Klinze un Beeren", also Klöße und Birnen, begnügten. Offenbar standen die Klöße in der Gunst der Halberstädter sehr hoch, wie folgende Anekdote belegt:
Der alte Dorfpolizist, der auch noch als Siebzigjähriger jeden Donnerstag mit Appetit seine zwölf Klöße verdrückte, mußte eines Tages das Bett hüten und dabei strenge Diät einhalten. Donnerstag morgens nun die obligatorische Frage seiner Frau: „Et is doch hüte Klunzdaach. Sall ek deck denn ok wekke koken, oder darfst de keine jeneiten, weil' e doch diät leben sast?" – „Och, weißte, Trine", darauf der Kranke, „vor jemeineklich äte'k doch twölewe; weil ek awer krank bin, will ek man vorsichtig sien; koke deshalb bloß ellewe, make se awer en betten gröter!"
So berühmt die Halberstädter Klöße auch sein mögen – Auswärtigen fällt als Spezialität Nummer eins bestimmt der Harzer Käse ein, mancherorts auch nicht von ungefähr, aber durchaus liebevoll „Stinkadores" genannt. Vermutlich wegen seiner rundgerollten, abgeflachten Laibchenform wird dieser Sauermilchkäse aus Magerquark auch gern als „Harzer Roller" bezeichnet – aber durchaus zu unrecht, denn dieser Name ist den sangesfreudigen Kanarienhähnen vorbehalten, die kurz nach dem Schlüpfen in der hohen Kunst von Hohlrolle, Klingel und Knorre geschult werden. St. Andreasberg war *die* Hochburg der Harzer Roller: Ende des letzten Jahrhunderts widmeten sich 600 von 800 Andreasberger Familien der Kanarienzucht, die von den jodelbegeisterten Knappen aus Tirol eingeführt worden war.
Prominente Liebhaber des Harzes waren der Maler Caspar David Friedrich und die Dichter Goethe und Hans Christian Andersen. Heinrich Heine schrieb seine „Harzreise" nieder

Ein einmaliges Erholungsgebiet und eine Touristenattraktion ist der Harz trotz der innerdeutschen Grenze geblieben. Liegt das etwa an dem Zauber der Hexen, die sich jedes Jahr in der Walpurgisnacht auf dem Brocken treffen sollen?

und widmete darin der Küche lobende Worte: „In der ‚Krone' zu Klausthal hielt ich Mittag. Ich bekam frühlingsgrüne Petersiliensuppe, veilchenblauen Kohl, einen Kalbsbraten, groß wie der Chimborasso in Miniatur, sowie auch eine Art geräucherter Heringe, die Bückinge heißen, nach dem Namen ihres Erfinders, Wilhelm Bücking, der 1447 gestorben und um jener Erfindung willen von Karl V. so verehrt wurde, daß derselbe anno 1556 von Middelburg nach Bivlied in Seeland reiste, bloß um dort das Grab dieses großen Mannes zu sehen. Wie herrlich schmeckt doch solch ein Gericht, wenn man die historischen Notizen dazu weiß und es selbst verzehrt! Nur der Kaffee nach Tisch wurde mir verleidet, indem sich ein junger Mensch diskursierend zu mir setzte und so entsetzlich schwadronierte, daß die Milch auf dem Tische sauer wurde."

Statt der „Bückinge" (heute heißen sie übrigens Bücklinge) hätte Heine auch eine geräucherte Harzer Bachforelle serviert bekommen können, zwar ohne historische Notizen, aber dafür mit Pfiff: Die Harzer pflegen sie mit Weißbrot und Heidehonig zu kombinieren! Früher sollen sich übrigens auch leckere Bachkrebse in den Harzgewässern getummelt haben, aber die haben sich längst aus der auch in der Bergwelt nicht mehr ungetrübten Natur verzogen.

Vom benachbarten Hildesheim ist anzumerken, daß es auch hier Spezialitäten gibt: „Krumme Rotwurst" zum Beispiel oder „Halber Käse". Dabei handelt es sich allerdings nicht um Eßbares, sondern um alte Straßennamen. Noch ein paar Kostproben: Eselstieg, Flohhagen, Saustraße, Fegefeuer oder Stinkende Pforte ... Und eine weitere Kostprobe, die auf den ersten Blick ebenfalls verwechselbar erscheint – vom Hildesheimer Pumpernikkel. Das ist nämlich nicht etwa eine heimische Variante des pechschwarzen Roggenbrots westfälischer Art, sondern ein stark gewürztes Knusperbrot mit Mandeln und Nüssen, dessen Originalrezept die Hildesheimer Konditoreien wie ihren Augapfel hüten.

Und wieder einmal geht es um die Wurst – diesmal in Göttingen, im tiefen Süden Niedersachsens: „Die Stadt Göttingen, berühmt durch ihre Würste und Universität, gehört dem Könige von Hannover, und enthält 999 Feuerstellen, diverse Kirchen, eine Entbindungsanstalt, eine Sternwarte, einen Karzer, eine Bibliothek und einen Rathskeller, wo das Bier sehr gut ist." – Man beachte, welchen Stellenwert die Wurst in dieser Beschreibung Heinrich Heines von 1824 einnimmt! Noch ausführlicher widmete sich der Göttinger Naturwissenschaftler, Schriftsteller und Philosoph Georg Christoph Lichtenberg in einem Brief diesem Thema: „Ein Päckel mit farciminibus Gottingensibus (Göttinger Wurst) folgt anbei, wenn das Zeug nicht schon verdorben ist, ich habe sie schon etwas lange in meiner Bibliothek hängen gehabt, weil da der Feind nicht hinkommt. Sollte sie abgestanden sein, so erfolgen mit erster Gelegenheit andere. Es ist besonders, wie diese Würste außerhalb in Kredit sein müssen. Dieterich (Lichtenbergs Hauswirt und Verleger) schickt alle halbe Jahr mit anderen Geistesprodukten wenigstens 1/2 Zentner davon nach Berlin. Die literarischen Produkte und hiesigen Mettbücher kamen zuweilen wieder zurück. Aber man hat kein Beispiel dafür, daß je eine Wurst zurückgekommen wäre."

Ebenso wenig wie von der Wurst blieb wahrscheinlich auch vom Göttinger Speckkuchen übrig, der vorzugsweise als pikante Beilage zu Bier und Wein auf den Tisch kommt. Den Hefeteig mit einer Auflage von Eiern, Salz, Pfeffer, Kümmel, Speck- und Zwiebelwürfeln hat man sich als eine Art nordische Pizza vorzustellen. Hefekuchen gab es in Göttingen auch nachmittags, diesmal zur Abwechslung süß und als i-Tüpfelchen dazu einen Schlag Sauerrahm, den Schmand.

Last, not least, zum Gänsebraten. Den schoben die Göttinger nicht nur zu Weihnachten in die Röhre, sondern auch gern „zwischendurch" sonntags. Am liebsten mit einer Backobstfüllung und einem angebräunten Schuß Sahne obendrauf. Kein Wunder, daß sich auch anderswo das geflügelte Wort herumgesprochen hat: „Ne chut chebratene Chöttinger Chans is eine chute Chabe Chottes."

Unseren täglichen Pumpernickel gib uns heute

„Man legt in der Schale gekochte und in Scheiben geschnittene Kartoffeln abwechselnd mit gehacktem Häring in eine Blechform. Sodann verquirlt man sauren Rahm, Eier und zerstoßenen Zwieback, gießt's drüber, schiebt die ganze Geschichte in den Bratofen und läßt sie stehen, bis sie krustig wird." Dieses Rezept für „Häringskartoffeln" von Wilhelm Busch als Vorgeschmack für den letzten Teil unserer kulinarischen Rundreise, der durch den westlichen Teil Niedersachsens – und damit auch durch die Heimat des Leib- und Magendichters der Deutschen führen soll. Wie stellte schon Joseph Kraus in seiner Busch-Monographie fest: „Fast jeder deutsche Haushalt besitzt neben Bibel und Kochbuch auch eine Ausgabe der Werke Wilhelm Buschs."

Aber zunächst zum südlichsten Zipfel des Landes Niedersachsen. Dort, in Mollenfelde bei Friedland, hat man einem der ältesten Nahrungsmittel der Menschheit ein Denkmal gesetzt – dem Brot. Welchen Rang das Gebackene zu allen Zeiten im Leben der Menschen einnahm, ist im Europäischen Brotmuseum an dreißig Ausstellungen abzulesen: Brotzeichen und Brotstempel kannte schon die Antike, Brotmarken gab's in den Weltkriegen, und Brot ist auch heute noch auf Münzen, Medaillen und Briefmarken vertreten.

Im Ofen gebacken sind auch die Spezialitäten des weiter nordwestlich, idyllisch zwischen Weser und Solling gebetteten Fürstenberg. Zum Hineinbeißen sind sie gleichwohl untauglich – es wäre schade um die Zähne und auch um die guten Stücke. Es ist die Rede von den zerbrechlichen Kostbarkeiten, die seit 1747 in der ältesten Porzellanmanufaktur der Bundesrepublik nahe bei Höxter gestaltet und mit Malerei verziert werden. Unter dem wohlwollenden Auge des braunschweigischen Herzogs und Kunstsammlers Carl I. begannen die Fürstenberger seinerzeit mit Teetassen, Tabatieren und Tabaksdosen, avancierten unter Napoleonischer Herrschaft gar zur „königlichen Manufaktur" und haben sich heute hauptsächlich auf die Herstellung feiner Speise-, Kaffee- und Teegeschirre verlegt. Stammsitz ist seit über 200 Jahren das im Stil der Weserrenaissance errichtete Schloß Fürstenberg, das inzwischen ein Porzellanmuseum beherbergt. Neben kunstvollen Vasen und Nippesfiguren ist dort auch eine Ausstellung der schönsten Geschirre auf gedeckten Tischen arrangiert – mit Kerzenleuchtern, Blumengestecken und edlem Besteck nicht nur eine Anregung zum Festschmaus, sondern auch zum Augenschmaus.

Mit der höheren Eßkultur beschäftigte sich freilich auch ein Niedersachse von Gut Bredenbeck am Deister, der noch heute tonangebend ist, wenn es um Sitte und Anstand geht – der legendäre Freiherr von Knigge. Mit pedantischer Genauigkeit, die an Spott grenzte, beschrieb er Anfang des 19. Jahrhunderts seine Version der Spielregeln „Vom Umgang mit Menschen". Die Akribie, mit der er auch kleinste Details und unmöglichste Umstände nicht unberücksichtigt ließ, beschreibt folgender Witz:

Nächste Doppelseite: Nur wenige Jahrzehnte nachdem in Meißen das erste Porzellan Europas hergestellt wurde, ist auch in Fürstenberg eine Porzellanmanufaktur gegründet worden. In der jahrhundertealten Tradition entstehen Stücke, die jedes Sammlerherz höher schlagen lassen.

Fürstenberg Porzellan

Adolf von Knigge begab sich einst auf eine Seereise. Das Schiff geriet in Seenot, sank, und der Freiherr trieb als Schiffbrüchiger im Meer. Plötzlich sieht der Unglückliche einen Hai auf sich zusteuern und zieht in seiner Not ein kleines Federmesser. Darauf der Hai: „Aber Herr Knigge, gerade Sie – Fisch mit dem Messer ...?"

Derartige Spitzfindigkeiten über die ganz feinen Tischsitten brauchen die Weserbergländer bei ihrem eher rustikalen „Nationalgericht" *Plaaten in de Pann* nicht aufkommen zu lassen. Da wird Mettwurst in einer großen Pfanne scheibchenweise mit Zwiebelringen und kleingeschnittenen Kartoffeln angebraten, mit etwas Brühe versetzt und mit Salz, Pfeffer und Kümmel gewürzt. Nach zwanzig Minuten Garen bei geschlossenem Deckel wird die Pfanne mit einem Schuß Sahne und etwas Petersilie darüber auf dem Tisch serviert. Guten Appetit!

Ähnlich deftig und herzhaft lassen es sich auch die Osnabrücker gern schmecken. Hier macht traditionell die westfälische Küche ihre Einflüsse geltend – in der Stadt, die schon Karl der Große im Jahre 780 mit dem Bistum Osnabrück begründete, wurde vor 300 Jahren als offizielles Ende des Dreißigjährigen Krieges der Westfälische Friede geschlossen. Nach westfälischer Art ist auch Stopsel, eine nahrhafte Spezialität für kalte Wintertage. Johann Christoph Strodtmanns „Idioticon Osnabrugensis", das 1756 in Leipzig und Altona herauskam, vermerkte über Stopsel: „Die Materie, so in die Würste gestopft wird, es sey Fleisch, Fett, Grütze oder Reiß."

Eher handfest klingt auch die Beschreibung des Westfalenablegers Potthast im „Idioticon":

Die deftigen Eintopfgerichte Niedersachsens schmecken natürlich am besten, wenn sie aus frischen Zutaten bereitet werden. Wer auf dem Lüneburger Wochenmarkt, vor dem alten Rathaus, einkauft, kann sicher sein, frische Ware zu erhalten, und für eine kleine Unterhaltung mit der Marktfrau ist auch immer etwas Zeit.

„Hast ist hier ein allgemeines Wort von zerhauenem Fleisch. Species davon sind Potthast, in kleine Portionen gehauenes Fleisch, und Backhast, welches ein großes in eins sitzendes Stück Fleisch, so gekocht wird, bedeutet. Daher wird auch ein dicker Mensch für eenen Backhast gescholten. Ich will dy to Potthast hacken, d. i. in kleine Stücke. Ist hier eine fürchterliche Drohung..."

Westfälisch ist natürlich auch die bekannteste Spezialität aus Osnabrück, der immerhin größten westfälischen Stadt in Niedersachsen, Pumpernickel, „das grobe Westphälische Brodt, welches jedoch nur von Ausländern so genannt wird. Denn die Westphälinger sagen dat grove Brodt" (so einmal mehr das „Idioticon Osnabrugensis"). Der urige Name soll übrigens mit dem Armenbrot zu tun haben, das die Stadtverwaltung im 16. Jahrhundert als „Bonum paniculum" im Pernickelturm backen ließ. Eine andere Version bringt die Nachsilbe „-nickel" mit dem Brunnengeist Nickert oder Nickelmann in Verbindung: Die während des Gärungsvorganges im Brotteig auftretenden Blasen wurden als Zeichen dafür angesehen, daß er sein Unwesen trieb.

Detailliert, wie es seine Art war, gab der Göttinger Schriftsteller und Philosoph Lichtenberg seine kulinarischen Erfahrungen aus dem „Land des Schinkens und des Pumpernickels" brieflich an einen Freund weiter: „Mit dem Schinkenkauf ist es jetzt ganz außer der Zeit. Die Leute haben fast meistens nur noch einen oder zwei, die sie nicht gern oder doch nur wohl bezahlt hergeben. Pumpernickel hingegen kann man allemal haben, denn die Westfälinger beten täglich: Unseren täglichen Pumper-

Die mittelalterliche Burganlage Oldenburgs wurde Anfang des 17. Jahrhunderts unter dem Grafen Anton-Günther teilweise durch einen Neubau ersetzt. Anstatt auf Wassergräben und mächtige Wehranlagen wurde mehr Wert auf prächtige Fensterumrahmungen und Repräsentation gelegt. Heute dient das Schloß als Landesmuseum für Kunst- und Kulturgeschichte.

nickel gibt uns heut ... Es ist beinahe, als wenn man das liebe Korn roh äße. Ich habe es oft versucht und ließ mir ein Stück geben, das etwa 20 Bauernbisse enthalten mochte. Ich biß etwas mit einer ernsthaften Miene ab. Sollst Du das Brot, so wie es Gott erschaffen hat, nicht essen können, das Brot, das den Bauernmädchen die schöne Haut, die Munterkeit und das feste Fleisch gibt? sagte ich und fing an, es mit meinen Zähnen zu mahlen, denn das fehlt ihm. Ich kaue fort, es war entsetzlich; zuweilen geriet ich über dem Kauen in ein Lachen und gab die neunzehneinhalb Bissen den Pferden." – Vielleicht hätte Lichtenberg lieber die Osnabrücker Pumpernickelcreme mit Teutoburger Waldbeeren probieren sollen ...

Wenn Osnabrück für seinen guten Schinken bekannt ist, so kann das weiter nördlich gelegene Ammerland den gleichen Ruhm für sich in Anspruch nehmen. Kenner schätzen am Ammerländer Schinken, daß er die Milde des Schleswig-Holsteiner Katenschinkens mit dem kräftigen Aroma des Westfalenschinkens vereint. Da trifft es sich natürlich gut, daß das unweit gelegene Papenburg inmitten eines fruchtbaren Gemüseanbaugebietes liegt und unter anderem stattliche Blumenkohlköpfe züchtet, die sich ideal mit dem Schinken ergänzen lassen.

Wer kulinarisch durchs Ammerland reist, kommt auch kaum an Oldenburg vorbei. Da gibt es die vielgepriesene Oldenburger Mockturtlesuppe, die mit echter Schildkrötensuppe geschmacklich verwandt sein mag, im Kontrast dazu aber keine klare Brühe, sondern eine gebundene Cremesuppe ist. Zu ländlichen Feiern gehörte sie obligatorisch dazu, und wenn die Parole „Tanz, Stimmung, Mockturtle" ausgegeben wurde, durfte man ein gelungenes Fest erwarten.

Ihre Vorliebe für Grütze haben die Oldenburger mit den Emsländern gemein. Buchweizengrütze mit Milch und einer Prise Salz war im Emsland so beliebt, daß es sie unter dem Namen Reppedy schon zum Frühstück gab und zusammen mit einer Specksoße als „Schröämpiesnatt" auch noch zum Mittagessen. Die Oldenburger gingen sogar so weit, den Wasser- und Wildvögeln Konkurrenz zu machen und frühmorgens oder spätabends, wenn die Schwaden über den Wiesen hängen, die Samen aus den Rispen des Süßgrases einzusammeln, um sie ungeschrotet in kochender Milch aufquellen zu lassen und schön süß zu genießen. Und weil's ihnen ebensogut schmeckt, kennen die Oldenburger noch (mindestens) eine weitere Grütze für das Abendessen – unter dem nicht minder exotischen Namen Karnmelksschillgassen, wobei Schillgassen einfach Gerstengrütze bedeutet und Karnmelk Buttermilch.

Diese Grütze hat nicht nur Geschichte in Oldenburg – sie sagt auch einiges über die Geschichte aus. Die Sprachverwandtschaft zum dänischen Kaernemelk zeigt an, welch enge Verbindungen einst zum Nachbarland im Norden bestanden haben. Immerhin war 1448 ein oldenburgischer Graf Christian König der Dänen. Und die Dänen wiederum behaupteten sich nach dem Dreißigjährigen Krieg über ein Jahrhundert als Landesherren von Oldenburg. Daß „man hier viel Dänisches hat", stellte noch 1845 Hans Christian Andersen fest: „Oldenburg ist keine große Stadt, aber hier ist viel Intelligenz, und das Theater ist eines der besten in Deutschland. Der Großherzog ist zum drittenmal verwitwet, seine Frau war eine schwedische Prinzessin, die Tochter des abgedankten schwedischen Königs. Im Schloß hängt das Porträt Christans IV., vom Tischbein gemalt, und unter den lebenden Kammerherrn habe ich einen Bernstorff getroffen, eine sehr liebenswürdige Persönlichkeit."

Vielleicht hat auch Andersen schon ein weiteres Lieblingsgericht der Oldenburger gekostet: Birnen, Bohnen und Speck. Und natürlich Kohl mit Pinkel, das Nationalgericht im nördlichen Niedersachsen, wohinter sich nichts anderes als Grünkohl mit Grützwurst verbirgt – eine deftige Mahlzeit, die die Oldenburger am liebsten bei klirrendem Frost genießen, weil dann der Grünkohl, die Oldenburger Palme, erst den richtigen Geschmack entfaltet. Den nötigen Appetit für diese kalorienreiche Speise holen sich die Oldenburger im Winter beim Boßeln, wenn sie sich auf gefrorenen Landstraßen oder Kanälen der weiten Ebene im Weitwurf von bleigespickten Holzkugeln messen.

Ob der Pinkel nun unter den Kohl gemischt wird oder als Wurst dazugelegt, ob zusätzlich noch Kassler, Bauchspeck oder Kochwurst hinzukommen – auch im benachbarten Bremen steht der Braunkohl, wie er hier genannt wird, an oberster Stelle auf dem winterlichen Speisefahrplan. Winterlich angehaucht sind ebenfalls die berühmten Bremer Klaben, ein schweres Hefegebäck, das vorzugsweise zu Weihnachten, und dann gleich in großen Mengen, zubereitet wird.

Und noch ein Festtagsgericht hat bei den Bremern seit 200 Jahren Tradition: das Kükenragout. Einiges ist daran anders, als der Name vermuten läßt. Die Küken pflegte man nämlich in kleinen Käfigen in der guten Stube zu halten. Und die Bezeichnung „Ragout" bezieht sich nicht auf das Fleisch, sondern auf die Soße, die nach dem Originalrezept mit Zunge, Kalbsmilch, Krabben und Saucissen angereichert wurde. Die Saucissen wiederum sind ebenfalls Bremer Spezialität. Schweinemett und Speck wurden dafür mit schwarzem Pfeffer, Nelkenpulver und Muskatblüte zu einer Art Cocktailwürstchen verarbeitet, die in Suppen mitgekocht wurden.

Bevor wir auf unserer kulinarischen Rundreise Hadeln, das Land der Klüten, sprich Klöße, an der Unterelbe erreichen, geht die Reise unweigerlich über Worpswede. Denn das in Hügel (worps) und Wald (wede) eingebettete Künstlerdorf, das schon zur Jahrhundertwende eine ganze „Familie" von Künstlern anzog – Maler wie Heinrich Vogler und Paula Modersohn-Becker waren ebenso dabei wie der Dichter Rainer Maria Rilke –, ist wahrhaftig einen Besuch wert. Allein die Atmosphäre, in der man als Gast zum Essen weilt, ist ein Genuß für sich. Zum Beispiel in dem von Bildhauer und Architekt Bernhard Hoetger entworfenen „Café Verrückt", das im wahrsten Sinne des Wortes verrückt gebaut ist: Die raffiniert berechnete Innengestaltung kommt fast ohne Ecken aus. Wie in alten Zeiten kann man auch im 1911 von Heinrich Vogler entworfenen Bahnhof wieder Erster und Zweiter Klasse sitzen – allerdings nicht als Fahr-, sondern als Restaurantgast.

Nun aber zum Land der Klöße – nach Hadeln. Ihre Leidenschaft für Klüten hat die Leute von Hadeln zu einer Fülle von Variationen beflügelt: Klüten für jede Gelegenheit. Sei es zum Sonntagsbraten oder als Apfelklöße in Milchsoße, zu denen Schinken gereicht wird. Zwischen Weihnachten und Silvester gehören Brunklüten zum Punsch, diesmal mit Kardamom und Zimt gewürzt und mit Rosinen und Korinthen gespickt. Und weil damit dem Einfallsreichtum noch längst keine Grenzen gesetzt sind, werden die Klüten – im Grundrezept nur aus Wasser, Mehl und Salz – auch mal mit Grützwurst angereichert oder in Jüchen, also Brühe, gelegt.

Am eigenwilligsten hat man in Hadeln die Klüten als „Rökert" kombiniert: Dabei werden die Klöße in Brühe gekocht und hinterher mit eingekochten Blaubeeren übergossen – und das alles in appetitlicher Nachbarschaft von Rauchspeck, Bauchspeck, Mettwürstchen, Möhren, Porree und Kochbirnen!

Während die Vorliebe für Klüten seltsamerwei-

Nächste Doppelseite: Worpswede hat um die Jahrhundertwende eine ganze Schar junger Künstler angezogen. Sie machten das kleine Dorf im Teufelsmoor weithin bekannt. Namen wie Fritz Mackensen, Otto Modersohn, Hans Am Ende, Overbeck, Vinnen und Vogeler tauchen in diesem Zusammenhang auf, nicht zu vergessen Paula Modersohn-Becker, Clara Westhoff, Rainer Maria Rilke und Bernhard Hoetger. Die herbe Schönheit der niedersächsischen Moorlandschaft hat auf sie eingewirkt und ebenso die alten Bauernhäuser des Dorfes, die noch immer ihren warmen Reiz ausstrahlen.

se auf Hadeln beschränkt blieb, findet ein anderes Gericht in der gesamten niedersächsischen Niederelbemarsch bis ins Alte Land hinein Anklang: die Hochzeitssuppe. Kein Wunder, denn sie wird aus bestem knochenlosem Rindfleisch mit Gemüse und Fleischbällchen bereitet, den „Ballken". Nicht genug damit – auch Reis mit Rosinen wird dazu gereicht, Kartoffeln und obendrein noch Stuten mit Butter. So üppig ißt man noch heute zu Hochzeiten. Dabei müssen die Frischgetrauten üblicherweise eine Menge Gäste einkalkulieren, denn auf die per Zeitung ausgeschriebene Einladung zur Feier kann jeder zum Festmahl erscheinen, der Lust hat. Damit das alles noch bezahlbar bleibt, ist es allerdings üblich, den Hochzeitern eine „Gabe" im Briefumschlag zu überreichen.

Daß in der Niederelbemarsch Äpfel, Birnen, Kirschen und Pflaumen so gut gedeihen, liegt an dem fetten Marschboden, der vor über 800 Jahren mühsam dem Elbe-Urstromtal abgetrotzt werden mußte. Zu diesem Großprojekt zogen die Bremer Erzbischöfe als damalige Landesherren Experten hinzu: deichbauerfahrene Holländer, die als Siedler das ständig von den Gezeiten überflutete Land streifenweise eindeichten. Der Name Altes Land besagt noch heute, daß dieser Abschnitt schon fertig war, als weiter östlich noch an den Deichen gearbeitet wurde. Die malerischen Binnendeiche an Lühe

Das Alte Land wird bisweilen auch als der Obstgarten Hamburgs bezeichnet, und schon im 14. Jahrhundert wurde in dieser Gegend Obst im großen Stil angebaut. Es war ein einträgliches Geschäft, wie die wunderschönen Fassaden der alten Bauernhäuser beweisen, und Obststände sind noch jetzt kleine Goldgruben für ihre Besitzer.

und Este bieten indes nicht nur Schutz vor dem „Blanken Hans", sondern verführen auch zu Spaziergängen, die wie ein Gang durchs Schlaraffenland anmuten – an schönen alten Fachwerkhäusern mit den typischen Altländer Prunktoren vorbei geht es unter Kirschbäumen entlang, deren Früchte zum Greifen nah sind ... Unsere Rundreise schließt sich in Wiedensahl bei Hannover, wo 1832 Wilhelm Busch geboren wurde. Schließlich war auch er den leiblichen Genüssen durchaus nicht abhold, wie sich einerseits aus seinen treffenden Darstellungen schmausender Mitmenschen ablesen läßt, andererseits aus seiner Vorliebe für Kohlsuppen und Krammetsvögel, die Wacholderdrosseln. Und wenn er auch oft ein moralisierendes Haar in der Suppe fand – gelegentlich konnte er auch uneingeschränkt genießen, wie folgendes Gedicht beweist, das schmackhaft zum Rezeptteil überleiten soll:

Von Fruchtomletts, da mag berichten
ein Dichter aus den höhern Schichten.
Wir aber, ohne Neid nach oben,
mit bürgerlicher Zunge loben
uns Pfannekuchen und Salat.
Wie unsre Liese delikat
so etwas backt und zubereitet,
sei hier in Worten angedeutet.
Drei Eier, frisch und ohne Fehl,
und Milch und einen Löffel Mehl,
die quirlt sie fleißig durcheinand
zu einem innigen Verband.
Sodann, wenn Tränen auch ein Übel,
zerstückelt sie und mengt die Zwiebel
mit Öl und Salz zu einer Brühe,
daß der Salat sie an sich ziehe.
Um diesen ferner herzustellen,
hat sie Kartoffeln abzupellen.
Da heißt es, fix die Finger brauchen,
den Mund zu spitzen und zu hauchen,
denn heiß geschnitten nur allein
kann der Salat geschmeidig sein.
Hierauf so geht es wieder heiter
mit unserm Pfannekuchen weiter.
Nachdem das Feuer leicht geschürt,
die Pfanne sorgsam auspoliert,
der Würfelspeck hineingeschüttelt,
so daß es lustig brät und brittelt,
disch, kommt darüber mit Gezisch
das ersterwähnte Kunstgemisch!
Nun zeigt besonders und apart
sich Lieschens Geistesgegenwart,
denn nur zu bald, wie allbekannt,
ist solch ein Kuchen angebrannt.
Sie prickelt ihn, sie stockert ihn,
sie rüttelt, schüttelt, lockert ihn
und lüftet ihn, bis augenscheinlich
die Unterseite eben bräunlich,
die, umgekehrt, geschickt und prompt
jetzt ihrerseits nach oben kommt.
Geduld, es währt nur noch ein bissel,
dann liegt der Kuchen auf der Schüssel.
Doch späterhin die Einverleibung,
wie die zu Mund und Herzen spricht,
das spottet jeglicher Beschreibung,
und darum endet das Gedicht.

Kulinarische Streifzüge

Die Rezepte sind ihrem Charakteristikum nach alphabetisch geordnet. Sofern nicht besondere Angaben gemacht werden, sind alle Zutaten für vier Personen berechnet.

Steinhuder Meeraal

Die Binnenseen, Zwischenahner Meer, Steinhuder Meer und der Dümmer waren einst fischreiche Gewässer und Erwerbsgrundlage für viele ihrer Anwohner. Einige der Delikatessen dieser Gegend sind berühmt geworden. – So auch der Aal aus dem Steinhuder Meer.

*1 kg küchenfertiger Aal, ¼ Liter trockener Weißwein, ½ Liter Wasser, 2 Schalotten, 1 Bund Petersilie, etwas Dill, einige Kerbelzweige, 2 Lorbeerblätter, 8 Gewürzkörner, 8 weiße Pfefferkörner, ½ Teelöffel Salz, 1 Teelöffel Butter.
Außerdem: 100 g Butter, 4 mittelgroße Petersilienwurzeln, ⅛ Liter Sahne, 2–3 Eigelb, 2 Eßlöffel gehackte Petersilie, einige Kerbelblätter*

Aal in Stücke schneiden. Wein mit allen Zutaten für den Sud 10 Minuten aufkochen. Die Aalstücke hineingeben und 10–15 Minuten garziehen lassen. Die Fischstücke herausnehmen und warm stellen. Den Sud durchseihen und zur Hälfte einkochen. 50 g Butter zerlassen. Die geputzten, kleingeschnittenen Petersilienwurzeln darin andünsten. Etwas Sud zugeben und garziehen lassen, bis die Flüssigkeit verdampft ist. Dann heiß pürieren, restlichen Sud zufügen. Die übrige Butter in Flöckchen einschlagen, Sahne und Eigelb unterheben, aufkochen lassen. Petersilie und Kerbelblätter einstreuen. Die Aalstücke auf einem Teller anrichten und die Soße dazugeben.
Dazu empfehlen sich neue Kartoffeln und grüner Salat mit Avocadostückchen und Kerbelblättern in einer Essig-Öl-Marinade.

Ammerländer Mockturtle

„Tanz, Stimmung, Mockturtle" – so konnte man es früher an ländlichen Saalbetrieben geschrieben lesen. Diese Oldenburger Spezialität ist eine Nachahmung der städtisch-feinen Schildkrötensuppe, aus feinem und festem Fleisch nach gut gehüteten Familienrezepten zubereitet. Als besondere Variante gibt es diese Suppe in der Osnabrücker Gegend aus einem Kalbskopf gekocht.

Für die Einbrenne: 100 g Butter, 150 g Mehl, 2 Liter Fleischbrühe.
Für die Klößchen: 200 g gemischtes Rinderhackfleisch, 1 kleines altbackenes Brötchen, Salz, weißer Pfeffer, 1 Liter heißes Salzwasser.
Für die Einlage: Je 200 g gekochtes Schweinefleisch (Schinken), Rindfleisch (Keule) und gegartes Rinderherz, 100 g Champignons oder Pfifferlinge, Salz, weißer Pfeffer aus der Mühle, 1 Schuß trockener Sherry oder Rotwein

Butter zerlassen, Mehl hineingeben und unter Rühren braun rösten. Mit heißer Brühe auffüllen; aufkochen lassen. Aus den Zutaten kleine Klößchen formen und in dem Salzwasser garziehen lassen. Herausnehmen, abtropfen und zusammen mit dem in kleine Stückchen geschnittenen Fleisch, den Herzstreifen und den Pilzen in die Suppe geben. Etwas durchziehen lassen, mit Gewürzen und Sherry oder Rotwein abschmecken.

Beutelwurst mit Kartoffelsalat

Für die Beutelwurst wird in manchen Gegenden Niedersachsens geschrotetes Roggenmehl, in manchen Gegenden Weizenmehl verwendet. Man sollte beide Varianten einmal ausprobieren.

2 ½ Liter Schweineblut (vom Schlachthof), 750 g Weizen- oder Roggenmehl, 250 g fetter Speck, je 1 Prise weißer Pfeffer, Salz, Kreuzkümmel und Nelkenpfeffer, 1 Schweine- oder Plastikdarm, 4 Liter kochende Fleischbrühe, Mehl, Öl zum Braten.
Für den Kartoffelsalat: 1 ½ kg gekochte Pellkartoffeln (Salatware), Salz, weißer Pfeffer, 1 Prise Zucker, 3 Eßlöffel Weinessig, 100 g Speck, 1 Zwiebel, etwas Öl, 2 Eßlöffel Weinessig, 3–4 Eßlöffel Öl, gehackte Petersilie, 1 Eigelb

Für die Beutelwurst Blut, Mehl und gewürfelten Speck mit den Gewürzen mischen, pikant abschmecken, in den Darm füllen und in kochender Brühe etwa 2 Stunden ziehen lassen. Herausnehmen und abkühlen lassen. Dann in Scheiben schneiden, in Mehl wenden und beidseitig braten.
Kartoffeln in Scheiben schneiden. Schichtweise mit den Gewürzen bestreuen, mit Essig beträufeln. 30 Minuten im warmen Wasserbad ziehen lassen. Speck- und Zwiebelwürfel in Öl anbraten. Zusammen mit Essig und Öl, Petersilie und dem Eigelb zu den Kartoffeln geben.

Papenburger Blumenkohl

Papenburg ist das Zentrum eines großen Gemüseanbaugebietes. Hier gedeiht ein hervorragender Blumenkohl, mittelgroß und schneeweiß. Als Beilage dazu paßt besonders gut der milde Ammerländer Schinken – eine Spezialität dieser Gegend, weder salzig noch rauchig und von unübertroffenem Aroma.

2 Blumenkohlköpfe, ¾ Liter Wasser, Salz, 1 Messerspitze geriebene Muskatnuß, 4 cl Weißwein, 250 g Butter, 3 Eigelb, 2 Eßlöffel Wasser, 1 Eßlöffel Weißwein, Salz, weißer Pfeffer, eventuell etwas Zitronensaft

Geputzten Blumenkohl 20 Minuten in Salzwasser legen. Frisches Wasser, Salz, Muskatnuß und Wein aufkochen. Blumenkohl mit dem Strunk nach unten hineingeben. Zugedeckt 20–25 Minuten kochen lassen.
Für die Soße Butter in einem Topf zerlassen (nicht erhitzen), den entstandenen Schaum abschöpfen. Eigelb, Wasser und Wein verrühren. In eine Schüssel geben, auf das Wasserbad setzen und mit dem Schneebesen hellgelb-schaumig schlagen. Die flüssige Butter erst tropfenweise, dann eßlöffelweise einschlagen. Mit Salz und Pfeffer abschmecken. Eventuell mit Zitronensaft würzen. Sofort über den Blumenkohl geben.
Mit Ammerländer Schinken und Butterkartoffeln zu Tisch geben.

Braunschweiger Steek

Hierbei handelt es sich nicht um ein Steak vom Rind, sondern um gut durchwachsenes Schweinefleisch, auch Well- oder Kesselfleisch genannt. Bei winterlichen Schlachtfesten in der Braunschweiger Gegend durfte es nie fehlen.

1 kg durchwachsener Schweinebauch, Wasser, Salz, 1 Lorbeerblatt, 6 Gewürzkörner (Piment), 1 Zwiebel.
Für das Sauerkraut:
40 g Schweineschmalz, 750 g Sauerkraut, 1 Zwiebel, etwas Wasser

Schweinebauch mit Wasser bedecken. Salz, Lorbeerblatt, Gewürzkörner und die geviertelte Zwiebel dazugeben, zum Kochen bringen. Zugedeckt bei mittlerer Hitze etwa 1½ Stunden garen. Dann herausnehmen. Für das Sauerkraut das Schmalz erhitzen, Sauerkraut mit der kleingehackten Zwiebel und ¼ Liter Wasser hinzufügen. Bei mittlerer Hitze etwa 45 Minuten garen. Das Fleisch in 1½ cm dicke Scheiben schneiden und auf dem Sauerkraut heiß werden lassen. Als Beilage empfehlen wir frisches Gerstenbrot, Senf und als Getränk eine „Lütje Lage".

Broccoliparfait

Broccoli ist ein naher Verwandter des Blumenkohls, aber buschiger und grün. Die Blütendolden sind hell- bis dunkelgrün. Sobald gelbe Blüten zu sehen sind, sollte man Broccoli nicht mehr verwenden.

1 kg Broccoli, 1 kleine Möhre, ½ Liter Wasser, Salz, 5 Eier, 200 ml Sahne, 4 Eßlöffel geriebener Emmentaler Käse, 1 Prise Salz, ¼ Teelöffel geriebene Muskatnuß, weißer Pfeffer, Butter zum Ausfetten

Broccoli und Möhre putzen und in gesalzenem Wasser etwa 15 Minuten garen. Aus der Flüssigkeit nehmen; Möhre beiseite legen. Broccoli (einige Röschen zurücklassen) im Mixer pürieren. Nach und nach Eier, Sahne, Käse und Gewürze zufügen. 6 Pastetenförmchen (Ø 10 cm) einfetten. Die Masse hineingeben. Im Backofen (im Wasserbad!) bei 140°C auf der unteren Schiene 70 Minuten lang stocken lassen. Auf kleine Teller stürzen. Obenauf mit dünngeschnittenen Möhrenscheiben und Broccoliröschen garnieren. Sofort heiß servieren.

Buchweizen-Apfelpfannkuchen

Auch aus dem anspruchslosen Buchweizen oder Heidekorn können Gaumenfreuden gezaubert werden. Dieses Gericht ist ein Beispiel dafür, wie aus einfachen Zutaten raffinierte Köstlichkeiten entstehen können.

500 g Äpfel, 200 g Buchweizenmehl, ½ Liter Milch, 1 Eßlöffel Kaffeemehl, Butterschmalz. Für das Sabayon: 4 Eier, 40 g Zucker, 1 Prise Salz, 5 Stangen Zimt, ¼ Liter Weißwein, 2 Eßlöffel Zucker, 3 Eigelb. Zucker und Zimt zum Bestreuen

Äpfel schälen, Kerngehäuse entfernen und in dünne Spalten schneiden. Buchweizenmehl, Milch und Kaffeemehl verrühren und 3 Stunden ruhen lassen. Butterschmalz in einer Pfanne erhitzen und etwas Teig hineingeben. Jede Portion mit Apfelspalten belegen. Handtellergroße Pfannkuchen backen. Warm stellen. Für das Sabayon Eier, Zucker und Salz verrühren, Zimtstangen und Weißwein zugeben. 10 Minuten kochen lassen. Topf vom Herd nehmen und abkühlen lassen. Zimtstangen herausnehmen. Zucker und Eigelb verschlagen und unterrühren, Topf in ein heißes Wasserbad setzen, Inhalt dick-cremig schlagen. Die Pfannkuchen mit Zucker und Zimt bestreuen und das Sabayon halbmondförmig darübergeben.

Buchweizenpuffer mit Kronsbeeren

Um Bad Zwischenahn herum wird ein großer Landstrich ausschließlich für den Anbau von Buchweizen genutzt. Deshalb gibt es hier auch viele leckere Rezepte, in denen Buchweizenmehl und -grütze verwendet werden.

120 g Buchweizenmehl, 60 g Mehl, 1 ½ Teelöffel Backpulver, 3 Eigelb, ⅛ Liter Milch, 2 Teelöffel Zucker, 1 Prise Salz, 3 Eiweiß, Margarine, 100 g Korinthen. 6 dünn geschnittene Scheiben einer ungespritzten Orange, 200 g Kronsbeerenmarmelade

Buchweizenmehl mit Mehl, Backpulver, Eigelb, Milch, Zucker und Salz zu einem glatten Teig verrühren. Zugedeckt 15 Minuten stehen lassen. Eiweiß steif schlagen und unterziehen. Margarine in einer Pfanne erhitzen. Etwas Teig in die Pfanne geben und handtellergroß glattstreichen. Pfannkuchen auf der Unterseite etwa 2 Minuten goldgelb braten, obenauf einige Korinthen streuen. Pfannkuchen wenden und braun backen. Warm stellen, bis auch die restlichen Puffer gebacken sind. Die fertigen Puffer auf einen Teller legen, mit einer halben Orangenscheibe und Kronsbeerenmarmelade garnieren.

Buchweizen-Speckpfannkuchen

Die Verbindung mit Leberwurst macht diesen Pfannkuchen zu einer ziemlich deftigen Angelegenheit – und zu einer guten Grundlage für mehrere „Lütje Lagen".

120 g Buchweizenmehl, 60 g Mehl, 3 Eier, ⅛ Liter Milch, 1 Prise Salz, 1 Messerspitze geriebene Muskatnuß. 200 g fetter Speck, 2 Eßlöffel Öl, 400 g grobe Leberwurst

Buchweizenmehl mit den Zutaten zu einem glatten Teig verrühren. Zugedeckt 30 Minuten ruhen lassen. Speck in dünne Scheiben schneiden. 1 Teelöffel Öl in einer Pfanne erhitzen. Ein Viertel der Speckscheiben im Öl glasig braten. Ein Viertel des Teiges darübergeben. Pfannkuchen auf der Unterseite etwa 2 Minuten goldgelb backen, wenden und wiederum in 2 Minuten goldgelb backen. Warm stellen, bis alle Pfannkuchen gebacken sind. Pfannkuchen mit dem Speck nach oben auf einer feuerfesten Platte anrichten. Obenauf die Leberwurst in Stücken verteilen. Unter den vorgeheizten Grill schieben und kurz grillen. Eine „Lütje Lage" zum „Nachspülen" nicht vergessen!

Buchweizentorte

Diese Torte wurde 1946 von einer Gastwirtsfrau in der Heide gebacken. Weil sie kein Weizenmehl hatte, nahm sie Buchweizenmehl und erlebte einen so großen Erfolg mit ihrem Backwerk, daß diese Torte aus den Speisekarten vieler Heidegasthöfe in der Lüneburger Heide nicht mehr wegzudenken ist.

6 Eigelb, 3 Eßlöffel heißes Wasser, 250 g Zucker, 6 steifgeschlagene Eiweiß, 200 g Buchweizenmehl, 50 g Mehl, ½ Päckchen Backpulver, Butter.
Für die Füllung: 400 g Preiselbeeren (Kronsbeeren), ¾ Liter Sahne, Schokoladenraspel, Schokoladenblätter

Für einen Biskuitteig Eigelb, Wasser und ⅔ des Zuckers weißcremig schlagen. Eiweiß zu Schnee schlagen, dabei langsam den restlichen Zucker einrieseln lassen. Eigelbmasse unterheben. Darüber das mit Buchweizenmehl und Mehl vermischte Backpulver geben. Alles leicht mischen. Diese Masse in eine mit Pergamentpapier ausgelegte und nur auf dem Boden eingefettete Springform (26 cm ⌀) geben. In den vorgeheizten Backofen, untere Schiene, stellen und bei 180°C 35 Minuten backen. Auskühlen lassen und zweimal quer durchschneiden. Preiselbeeren gut verrühren. Zwei Böden damit bestreichen, knapp ein Drittel der geschlagenen Sahne darüber verteilen. Böden zusammensetzen. Letzte Platte daraufsetzen. Obenauf und seitlich mit Sahne bestreichen. Restliche Sahne in einen Spritzbeutel füllen und die Torte damit garnieren. Mit Schokoladenraspeln und -blättern verzieren.

Buntes Huhn

Farbenprächtig wie der Hahnenschwanz sieht dieses deftige Eintopfgericht aus, gleichermaßen ein Genuß für Auge und Gaumen.

500 g weiße Bohnenkerne, 2 Liter Wasser, 1 Bund Suppengrün, Salz, 500 g Rindfleisch (Hohe Rippe), 500 g Möhren, 250 g Kartoffeln, 2 Äpfel (je 150 g), 200 g gewürfelter fetter Speck, 4 Zwiebeln, 1 Eßlöffel Mehl, 1 Eßlöffel Essig, 2 Teelöffel Zucker, Paprika edelsüß

Die Bohnenkerne am Abend in Wasser einweichen. Am nächsten Tag zusammen mit dem kleingeschnittenen Suppengrün, Salz und dem Fleisch im Einweichwasser 1½ Stunden zugedeckt kochen lassen. 30 Minuten vor Ende der Garzeit die in Streifen geschnittenen Möhren, Kartoffelstückchen und Apfelscheiben zugeben. Speckwürfel auslassen, Zwiebelringe darin glasig dünsten und leicht mit Mehl bestäuben. Mit 4 Eßlöffeln Suppenflüssigkeit ablöschen. Zum Eintopf geben. Fleisch herausnehmen und würfeln, wieder dazu geben. Mit Essig, Zucker und Paprika abschmecken.

Cocktail vom rohen Spargel

Schon Griechen und Römer waren begeisterte Spargelanhänger. Aristophanes widmete ihm so manchen Vers, und früher galt Spargel sogar als ausgesprochene Heilpflanze.
Frischen Spargel erkennt man an den Schnittenden: sie dürfen nicht vertrocknet, sondern müssen saftig sein. Geschält wird Spargel immer vom Kopf zum Stielende hin.

1 kg Stangenspargel, 3–4 Eßlöffel Sherry-Essig, 3–4 Eßlöffel Walnußöl, Salz, weißer Pfeffer, einige Tropfen flüssiger Süßstoff, gehackte Kräuter (Petersilie, Kerbel, Gartenkresse)

Den Stangenspargel schälen, in dünne Scheiben schneiden. Für die Marinade Essig, Öl und die Gewürze verrühren. Die Kräuter zugeben und den Spargel darin ziehen lassen. In einer Schale anrichten und mit einigen Kräutern garnieren.

Altländer Ente

Bei einer Altländer Ente gilt nicht das geflügelte Wort: „Für einen zu viel, für zwei zu wenig." Im Gegenteil, so eine Ente aus dem Alten Land südwestlich von Hamburg wiegt mit etwa 9 Wochen schon 2 kg und sollte für 3–4 Portionen gut sein.

1 junge Flugente von 2 kg, Salz, weißer Pfeffer, 1 Sträußchen Majoran, 6 säuerliche Äpfel, 2 dünne Scheiben fetter Speck, 1 Zwiebel, ¼ Liter heißes Wasser, 1 Eßlöffel Rosinen, ¼ Liter Geflügelbrühe (Instant), 2 cl Weizenkorn, 1 Becher Crème fraîche (150 g)

Ente innen und außen abspülen, trockentupfen und mit Salz und Pfeffer würzen. Majoran und vier geviertelte Äpfel in den Bauch stecken und zunähen. Die Brust mit dem Speck belegen und mit Baumwollgarn umwickeln. Mit der Brust nach oben in einen Bräter legen, geschälte Zwiebel dazugeben. Im vorgeheizten Backofen bei 200°C 1 ¼ Stunden braten. Nach und nach heißes Wasser zugießen. Nach einer Stunde den Speck entfernen. Zwei Äpfel halbieren, entkernen und mit den Rosinen gefüllt zur Ente geben. Weitere 10 Minuten braten. Dann die Ente herausnehmen und mit der Geflügelbrühe den Fond lösen; eventuell entfetten. Weizenkorn zufügen und den Fond mit Crème fraîche binden. Beilagen: Rosenkohl oder Sauerkraut und Salzkartoffeln oder Kartoffelklöße.

Enten-Eintopf

„Natürlich soll man die Ente als ganzen Vogel servieren. Aber nur Brust und Nacken sind schmackhaft. Alles übrige schickt man dem Koch am besten zurück", so Martial, ein römischer Dichter.
Der folgende Eintopf könnte von ihm stammen, denn in diesem Rezept wird nur die Entenbrust verarbeitet.

300 g Entenfilets, 1 Tomate, ¾ Liter heiße Hühnerbrühe, je 100 g Möhren, Zucchini, Kohlrabi und grüne Bohnen, 1 sehr dünne Lauchstange, 400 g Tomaten, Salz, weißer Pfeffer, 3 Stengel Estragon, 10 g Kerbel

Entenfilets von Haut und Sehnen befreien. Die abgetrennte Haut auslassen, Fettrückstand herausnehmen. Entenfilets halbieren, dann in breite, schräge Streifen schneiden. Mit gehäuteter, gewürfelter Tomate in die heiße Brühe geben. 10 Minuten darin ziehen lassen. Möhren, Zucchini und Kohlrabi in dünne Scheibchen, Lauch in Ringe schneiden. Bohnen ganz lassen. Überbrühte, gehäutete Tomaten achteln, die Kerne entfernen. Das Gemüse bis auf die Tomatenachteln im Entenfett leicht andünsten. Dann zur Hühnerbrühe geben. Tomatenstücke zugeben. Noch 5 Minuten ziehen lassen. Mit Salz und Pfeffer abschmecken, zum Schluß Kräuter grob hacken und in den Eintopf geben.

Gestovte Erbsen und Wurzeln

Im Hadeler Land wird das Gemüse „gestovt", was bedeutet, daß man eine helle Mehlschwitze mit Milch oder Sahne auffüllt und mit dem gekochten Gemüse mischt. Zum Gemüse gehören geräucherter Schinken oder feine Mettwurst und Salzkartoffeln. „Gestovt" werden auch Blumenkohl, Bohnen, Weiß- oder Wirsingkohl, zu dem besonders gut ein Rinderbraten paßt.

*300 g junge Wurzeln,
500 g ausgepahlte Erbsen, ¼ Liter Wasser, Salz, 1 Prise Zucker, etwas geriebene Muskatnuß, ⅛ Liter Milch, 20 g Butter, 30 g Mehl, reichlich gehackte Petersilie,
4 Scheiben geräucherter Landschinken (nicht zu dünn geschnitten)*

Wurzeln putzen und kleinschneiden. Zusammen mit den Erbsen in kochendem gesalzenem Wasser zugedeckt 10 Minuten garen. Zucker, Muskat und Milch hinzufügen. Butter und Mehl verkneten und flöckchenweise in das Gemüse geben. Noch 5 Minuten kochen lassen. Die gehackte Petersilie unterheben. In eine vorgewärmte Schüssel geben, Schinken auf einer Platte anrichten und dazu Salzkartoffeln reichen.

Errötendes Mädchen

Bisweilen wird dieses Gericht auch „Errötende Jungfrau" genannt. Beide Namen geben Anlaß zu allerhand romantischen Vermutungen darüber, wie es ursprünglich einmal zur Namensgebung gekommen ist. Gut gekühlt und mit Vanillesoße oder Sahne serviert, ist das „süße Mädchen" ein erfrischender Genuß.

*12 Blatt rote Gelatine,
1 Liter Buttermilch, 1 Päckcken Vanillezucker, 4 Eßlöffel Zucker*

Gelatine in kaltem Wasser einweichen. Buttermilch, Vanillezucker und Zucker erhitzen. Topf von der Kochstelle nehmen und die gut ausgedrückte Gelatine darin auflösen. Abkühlen lassen. Kurz vor dem Gelieren noch einmal umrühren. In eine große Glasschüssel oder mehrere kleine Portionsschälchen füllen und erstarren lassen.

Fasanenbrust mit Steinpilzauflauf

November und Dezember gelten unter Feinschmeckern als die Monate, in denen Fasanen am schmackhaftesten sind.

*2 junge Fasanen, Salz, Pfeffer, 100 g fette Speckscheiben, 20 g Butter, 2 kleine Steinpilze, 1 Möhre, 3 Schalotten, 1 Petersilienstengel, 1 kleines Stück Sellerieknolle, 1 Lorbeerblatt, 1 Thymianzweig, 3 Pimentkörner, je ⅛ Liter Weißwein und Wasser, 30 g Butter, 2 Eigelb, 2 Eßlöffel Crème fraîche, Salz, Pfeffer.
Für den Steinpilzauflauf:
150 g frische Steinpilze, etwas Olivenöl Vergine, 2 Eigelb, 2 Eßlöffel Béchamelsoße, 2 Eiweiß, Salz, weißer Pfeffer, Kartoffelmehl*

Brusthälften der Fasanen vom Knochen lösen, leicht würzen und mit Speckscheiben umwickeln. Fasanenknochen in Butter anbraten. Alle Zutaten geputzt dazugeben, würzen, gut bräunen. Mit Wein und Wasser ablöschen. 30 Minuten köcheln lassen. Alles durchseihen. Fond etwas einkochen. Fasanenbrust in Butter anbraten, warm stellen. Bratensatz mit dem reduzierten Fond ablöschen. Mit Eigelb und Crème fraîche verrühren, würzen.
Die trockengetupften Pilze in Öl anbraten, Eigelb, Béchamelsoße, steifgeschlagenes Eiweiß unterheben, würzen. In leicht gebutterte, mit Kartoffelmehl ausgestäubte Förmchen geben. Im Wasserbad im Ofen bei 180°C ca. 25 Minuten aufgehen lassen. Fleisch fächerartig aufschneiden. Mit Soße umgießen. Auflauf stürzen. Kartoffelstäbchen, gedünsteter Broccoli und in Butter geschwenkte, abgezogene Weintrauben sind passende Beilagen.

Fischeintopf „Nesbach"

Dieser Fischeintopf wird nach französischer Zubereitung, aber mit norddeutschen Zutaten gekocht: eine gelungene kulinarische „jumelage" über Länder- und Sprachgrenzen hinweg.

2 küchenfertige Schollen (700 g), 1 Fischkopf, 1 Lorbeerblatt, 5 zerdrückte weiße Pfefferkörner, Salz, 2 Petersilienstengel, 1 Tomate, 3 Stangen Lauch, 2 Liter kaltes Wasser. 500 g Kartoffeln. 750 g Goldbarschfilet, 1 mittelgroße Zwiebel, 2 Tomaten, 2 Stangen Lauch (nur das Weiße), 125 g Butter, 2 Frühlingszwiebeln, 2 Knoblauchzehen, 500 g Champignons, 125 g Nordseekrabben, 1 Bund gehackte Petersilie oder Gartenkresse

Schollen filetieren, Filets beiseitelegen. Gräten, Haut, Fischkopf, Gewürze und kleingeschnittenes Gemüse mit Wasser aufsetzen, salzen, abschäumen und 1 Stunde zugedeckt köcheln lassen. Geschälte Kartoffeln würfeln und separat garen. Goldbarschfilet würfeln. Zwiebel- und abgezogene Tomatenwürfel und Lauchstreifen in zerlassener Butter mit den längsgeviertelten Frühlingszwiebeln und zerdrückten Knoblauchzehen andünsten. Die Kartoffeln zufügen, mit dem durchgeseihten Fischsud aufgießen. 5 Minuten köcheln lassen. Schollenfiletstücke, Goldbarschwürfel, geviertelte Champignons und Krabbenfleisch in die Brühe geben. Noch 5 Minuten leicht ziehen lassen. Abschmecken und mit gehackter Petersilie oder Gartenkresse bestreut servieren.

Harzer Bachforelle mit Krebssoße

Auch wenn die Zeiten, in denen Forellen in den Wiesenbächen sprangen und Kinder mit bloßen Händen Krebse aus dem Bachbett fischten, längst vergangen sind, kann man sich auch heute noch einen kulinarischen Genuß mit Forellen und Krebsen verschaffen.

4 Forellen von je 250 g, Salz, 1 Liter Wasser, 1 Schuß Weißwein, 1 Bund Dill, 12 lebende Flußkrebse, 3 Liter Wasser, Salz, 1 Bund Dill und Dillsamen.
Für die Soße: 30 g Butter, 30 g Mehl, ½ Liter Krebssud, 1 gestrichener Teelöffel Fleischextrakt, Saft einer halben Zitrone, 4 Eßlöffel Sahne, Salz, weißer Pfeffer, 1 Prise Zucker, Dill zum Garnieren

Forellen an Kopf und Schwanz zusammenbinden. In gesalzenem Dill-Wein-Sud 15 Minuten ziehen lassen, herausnehmen und warm stellen. Die Krebse kopfüber in sprudelnd kochendes Salzwasser geben und mit dem Dill 15 Minuten garen. Abkühlen lassen. Fleisch aus den Scheren und Schwänzen lösen. In grobe Stücke teilen, das Scherenfleisch nicht zerteilen. Krebsschalen in einem Mörser fein zerstoßen. Butter erhitzen, Krebsschalen darin andünsten, bis sich die Butter rot färbt. Mehl zugeben. Mit Krebssud auffüllen. Aufkochen, passieren. Fleischextrakt, Zitronensaft und Sahne hineingeben, würzen. Krebsfleisch unterheben. Forellen auf vorgewärmten Tellern anrichten, Soße darübergeben. Mit Dill garnieren. Dazu gibt es gebutterte Kartoffeln.

Forellenrahmsuppe mit Fenchelkraut

Bachforellen und Fenchelkraut – mit dem leichten Räuchergeschmack einer Speckschwarte ergibt dies eine ganz besondere Suppe. Dazu reicht man getoastetes Brot.

*2 küchenfertige Bachforellen,
1 kleines Bund Suppengrün,
3 zerdrückte Wacholderbeeren,
1 Lorbeerblatt, 1 Zwiebel, 1 Stück Speckschwarte, 1½ Liter Wasser,
Salz,
2 kleine Fenchelknollen,
Zitronensaft, 1 cl Weinbrand, Salz,
weißer Pfeffer, 40 g Butter,
50 g Mehl, geriebene Muskatnuß,
⅛ Liter Sahne*

Forellen zusammen mit zerkleinertem Suppengrün, Gewürzen und Speckschwarte in kochendem, leicht gesalzenem Wasser 20 Minuten ziehen lassen. Forellen herausnehmen. Fenchelknollen fein würfeln (das Kraut beiseite legen) und in den Fischfond geben. Darin ziehen und abkühlen lassen. Forellen filetieren, in mundgerechte Stücke teilen. Mit Zitronensaft, Weinbrand, Salz und Pfeffer marinieren.
Aus Butter und Mehl eine helle Mehlschwitze bereiten und mit dem durchgeseihten Fischfond ablöschen. Muskatnuß und Sahne zugeben. Forellenstücke in die Suppe geben. Frisches Fenchelkraut obenauf streuen.

Frischlingskeule mit Backpflaumen

Frischlinge sind junge Wildschweine. Einjährig bringen sie es in der Regel schon auf ein Gewicht von bis zu 30 kg. Ihr Fleisch ist dann besonders zart und schmackhaft.

1 Frischlingskeule (1,5 kg), 150 g fetter Speck, Salz, weißer Pfeffer, 40 g Schweineschmalz, 3–4 Pimentkörner, 1 Liter Wildfond (aus Knochen und Suppengrün gekocht und durchgeseiht), ½ Liter dunkles Bier, 500 g entsteinte Kur-Backpflaumen, 1 Becher Crème fraîche (100 g)

Fleisch mit dem in Streifen geschnittenen Speck spicken. Mit Salz und Pfeffer einreiben. Im heißen Schmalz anbraten, zerdrückte Pimentkörner zufügen. Mit Wildfond aufgießen. Im Backofen bei 220°C 1 Stunde braten. Nach 20 Minuten das Bier und nach 45 Minuten die Backpflaumen zugeben. Das Fleisch aus dem Ofen nehmen und warm stellen. Crème fraîche in den Fond einrühren, etwas einkochen lassen und nachwürzen. Die Keule aufschneiden, die Soße separat servieren.
Zur Frischlingskeule Schmoräpfel mit Preiselbeeren gefüllt, Rotkohl und Kartoffelklöße servieren. Als Getränk paßt dunkles Bier oder kräftiger Rotwein.

Fruchtlikör

Wenn man sagt, daß Frankreich die edelsten und Italien die vielfältigsten Liköre liefert, dann sollte man hier nicht vergessen hinzuzufügen: Niedersachsens hausgemachte Liköre tragen das Markenzeichen „hochprozentig".

Je 200 g Fliederbeeren, schwarze Johannisbeeren und Wald- oder Gartenerdbeeren, 1 Liter Weinbrand, Mark einer Vanilleschote, 600 g Kandis, 2 Liter Wasser, 2 Liter Alkohol (Branntwein, 45–50 Vol.%)

Die Früchte abbrausen. Flieder- und Johannisbeeren abzupfen, von den Erdbeeren die Stengelansätze entfernen. Früchte im Mixer pürieren, Weinbrand zugeben und in einen Behälter geben. Vanillemark zufügen, gut umrühren und in Flaschen füllen. 14 Tage lang gut verschlossen stehen lassen. Dann den Saft durch ein Tuch gießen und auffangen. Kandis in Wasser auflösen und etwa 20 Minuten köcheln lassen. Abkühlen und mit dem Alkohol und der Früchte-Weinbrand-Mischung vermengen. Durch ein Filterpapier laufen lassen. In Flaschen füllen, verschließen und kühl aufbewahren.

Gänseschinken – bodengetrocknet

Gänsezucht wird in Niedersachsen besonders intensiv im Alten Land und im Oldenburgischen betrieben. Von hier kommen auch die besonders frischen Prachtexemplare. Hervorragend im Geschmack und zartfleischig sind Frühmastgänse. Sie werden bis zu 4 kg schwer und reichen für 6–8 Personen. Aus Oldenburger Gänsen wird auch ein würzig-mildes Gänseschmalz gemacht, das man unbedingt einmal probieren sollte.

Gänsebrüste von 2 Frühmastgänsen (ca. 1 kg), 4 Teelöffel Salz, je 100 g Nelkenpfeffer und Cayennepfeffer, 4 dl Himbeer- oder Portweinessig

Gänsebrüste mit Salz einreiben und 12 Stunden zugedeckt ziehen lassen. Für die Marinade die Gewürze mit Himbeer- oder Portweinessig verrühren. Auf die Gänsebrüste geben. Dann hängend auf dem Boden oder einem gut belüfteten Raum trocknen. Nach 6 Wochen Trockenzeit die scharfe Marinade restlos entfernen. Den Schinken zum Servieren in hauchdünne Scheiben aufschneiden.
Zusammen mit Kartoffelsalat, der mit in Würfel geschnittenem ausgebratenen Gänsefett angereichert ist, anbieten.

Hackus und Kniste

Dieses Gericht ist zur Zeit der Schlachtfeste ein beliebtes Essen im Harz. Dann sind auch die neugeernteten Kartoffeln besonders schmackhaft. Zu den halbierten Kartoffeln, die man im Harz Kniste oder auch Knüste nennt, gibt es dann das Hackus: gehacktes, stark gewürztes Schweinemett.

Etwa 12 mittelgroße Kartoffeln (80 g pro Stück), Öl, Salz, 2–3 Teelöffel Kümmel, 500 g Schweinemett

Kartoffeln gründlich waschen, abbürsten, trockentupfen und halbieren. Mit der Schnittseite nach unten auf ein gut geöltes Backblech setzen, mit Salz und Kümmel bestreuen. Im vorgeheizten Backofen bei 220 °C 40 Minuten backen.
Schweinemett scharf abschmecken, mit Gewürzgurken, Bier und „Kniste" zu Tisch bringen.

Hagebuttensuppe

Die Früchte wildwachsender Rosen haben bisweilen auch andere Namen, wie Hambutten, Hahnebutten, Apfelrosen oder Hiften. Sie enthalten viel Vitamin C, und ihr fruchtig-herzhafter Geschmack ist sehr erfrischend. Diese Suppe eignet sich als Vorspeise ebenso wie als Zwischengang.

*750 g Hagebutten,
Schale einer ungespritzten Zitrone,
Mark einer Vanillestange,
1¼ Liter kaltes Wasser,
4 Zwiebäcke, 1 Prise Salz, 3 Eßlöffel
Zucker, 2 Eigelb, 2 Eiweiß*

Hagebutten putzen und entkernen. Zusammen mit der Zitronenschale und dem Vanillemark in Wasser aufsetzen und zugedeckt 1½ Stunden köcheln lassen. Alles durch ein feines Sieb streichen. Zerbröselte Zwiebäcke hinzufügen und noch einige Minuten kochen lassen. Mit Salz und Zucker abschmecken und mit Eigelb legieren. Wasser in einem Topf erhitzen, Eiweiß steifschlagen; mit zwei Teelöffeln kleine Nokken abstechen und auf das heiße Wasser setzen. Zugedeckt etwa 5 Minuten ziehen lassen. Zum Servieren auf die Suppe setzen.
Falls keine frischen Hagebutten zu bekommen sind: 100 g getrocknete Hagebutten mit 1/10 Liter heißem Wasser übergießen, 20 Minuten ziehen, dann 5 Minuten kochen lassen, passieren und mit den Zwiebäcken und dem Eigelb binden.

Heidelammrücken mit Wirsing gefüllt

Heidelammrücken mit Wirsing gefüllt ist ein altes Heidjer-Rezept.

1 Heidschnuckenrücken (ca. 2 kg), Salz, weißer Pfeffer, 1 Wirsingkohl, Kümmel.
200 g Birkenpilze, je 150 g Edelreizker und Pfifferlinge, 2 Schalotten, gewürfelt, 2 Eßlöffel Olivenöl, Salz, weißer Pfeffer, Muskatnuß, 250 g frisches Weißbrot, zerkrümelt, ⅛ Liter Milch, 2 Eigelb, 1 Bund Blattpetersilie.
50 g Öl, ⅛ Liter Rotwein, 1 Bund Suppengrün, 1 Thymianstengel, 2–3 Pimentkörner, 3 Wacholderbeeren, 3 Eßlöffel Crème fraîche

Heidschnuckenrücken in einem Stück von den unteren Knochen und Rippen herauslösen. Dabei nicht die obenliegenden Fleisch- und Bindegewebspartien zerschneiden, würzen. Wirsingkohlblätter in Kümmelwasser blanchieren. Für die Füllung blättrig geschnittene Pilze und Schalottenwürfel in Olivenöl anbraten. Abkühlen lassen, würzen. Weißbrot, Milch und Eigelb einrühren und erwärmen, Petersilie hacken, unterheben und alles zu einer Farce mischen. Blanchierte Kohlblätter auf das Fleisch legen, die Farce darauf verteilen. Fleisch aufrollen, seitlich zusammenschlagen und festbinden. Im erhitzten Öl rundherum anbraten. Im Ofen bei 180°C 1 Stunde garen. Zwischendurch wenden. Dann herausnehmen und warm stellen. Fett abgießen. Den Bratensatz mit Rotwein ablöschen. Kleingehacktes Suppengrün und Gewürze zugeben. Um ein Drittel reduzieren. Die Soße durch ein Sieb geben. Crème fraîche einrühren. Heidschnuckenrücken in etwa 2 cm breite Scheiben schneiden und servieren.

Heidelbeerlikör

Auch wenn die Heidjer ihre Liköre am liebsten selbst trinken, sind sie doch gerne dazu bereit, ihren Gästen „einen auszugeben". Gelegenheiten dazu gibt es genug, und es gehört eine gehörige Portion Standfestigkeit dazu, will man mit einem eingesessenen Heidjer bei seinem „Hausgemachten" mithalten.

2 kg Heidelbeeren, 1 kg Zucker, Saft einer Zitrone, 2 Päckchen Vanillezucker, ⅜ Liter Branntwein, 1 Messerspitze Nelkenpulver, 1 Prise Zimtpulver, ¼ Liter Branntwein

Früchte verlesen, abspülen und abtropfen lassen. Mit dem Zucker in eine Schüssel geben, grob zerdrücken und zugedeckt 1 Stunde ziehen lassen. Im Mixaufsatz pürieren und durch ein Sieb streichen. Zusammen mit Zitronensaft und Vanillezucker 5 Minuten köcheln lassen. Abkühlen und den Alkohol und die Gewürze unterrühren. Durch einen Trichter in Flaschen gießen. Zugekorkt 8 Tage an einem warmen Ort stehen lassen. Jeden Tag schütteln. Dann den Branntwein zugießen. Gut schütteln und alles noch einmal filtern. In gut ausgespülte Flaschen gießen, verkorken und ab und zu schütteln. Ein halbes Jahr muß vergehen, bis ausgeschenkt werden kann.

Heidschnuckenleber mit Äpfeln und Zwiebeln

Man braucht schon Glück dazu, um Heidschnuckenleber überhaupt zu bekommen. Selbst in der Lüneburger Heide ist das nicht so einfach. Zur Not tun es deshalb auch Kalbs- oder Schweineleber. Wenn Sie jedoch einmal in der Heide um Ostenholz bei Fallingbostel unterwegs sind, dann sollten Sie unbedingt nach diesem Gericht fragen.

800 g Heidschnuckenleber, Mehl, 2 Eßlöffel Pflanzenöl, 30 g Butter, 2–3 mürbe Äpfel, 2 Zwiebeln, Salz, weißer Pfeffer

Die Heidschnuckenleber häuten und in dünne Scheiben schneiden. In Mehl wenden. Öl in einer Pfanne erhitzen und die Leberscheiben darin von jeder Seite 4 Minuten braten, mit Salz und Pfeffer würzen. Butter hinzufügen, herausnehmen und warm stellen. Die geschälten und entkernten, in Spalten geschnittenen Äpfel und die in Ringe geschnittenen Zwiebeln ins Bratfett geben und von beiden Seiten dünsten. Mit Salz und Pfeffer bestreuen. Auf einer vorgewärmten Platte mit der Leber anrichten. Dazu passen Kartoffelpüree, Kopfsalat und Preiselbeeren.

Heidschnuckenlende „Lüneburger Art"

Heidschnucken sind die typischen Bewohner der Lüneburger Heide: klein und genügsam nehmen sie mit dem kargen Futter der Heide vorlieb. Die vielen so unbedeutend aussehenden Pflänzchen und Kräuter der Heide machen ihr Fleisch besonders aromatisch.

*1 ausgelöster Heidschnuckenrücken mit Dünnung (800 g), Salz, weißer Pfeffer.
1 gewürfelte Zwiebel, 20 g Butter,
1 altbackenes Brötchen,
350 g Pfifferlinge, 1 Ei.
40 g Butterschmalz, 1 Zwiebel,
½ Liter heiße Fleischbrühe,
1 Eßlöffel Tomatenmark,
1 Wacholderbeere, ⅛ Liter saure Sahne*

Fleisch mit Salz und Pfeffer einreiben. Zwiebelwürfel in zerlassener Butter mit dem in Wasser eingeweichten und gut ausgedrückten Brötchen und den Pilzen andünsten. Ei unterheben. Die Füllung zwischen Lende und Fleischlappen geben, einschlagen und zunähen. Das Fleisch in erhitztem Butterschmalz anbraten. Zwiebel würfeln und zugeben, mit Fleischbrühe auffüllen. Tomatenmark und Wacholderbeere zugeben. Im vorgeheizten Backofen bei 200°C etwa 2 Stunden zugedeckt schmoren. Fleisch herausnehmen und warm stellen. Bratfond loskratzen, saure Sahne hinzufügen und auf der Herdplatte einkochen. Fleisch aufschneiden und mit der Soße, grünen Bohnen, Grilltomaten und Salzkartoffeln anrichten.

Heißwecken

Sie werden auch Heetwichs genannt und sollten heiß oder ofenwarm gegessen werden. Früher wurden sie zur Fastnacht in ganz Niedersachsen gebacken. Heute bekommt man sie bisweilen auch beim Bäcker – wenn man Glück hat, sind sie dann noch warm – und ißt sie zum Frühstück mit Konfitüre oder einfach so „zwischendurch". Selbstgemacht schmecken sie nach wie vor am besten:

375 g Mehl, 25 g Hefe, ⅛ Liter warme Milch, 40 g Zucker, je 50 g Korinthen und Rosinen, 40 g Butter, 1 Ei, 1 Prise Salz, je 1 Messerspitze Kardamom und Muskatnuß, 50 g feste Butter, Margarine, Mehl, Rosenwasser zum Bestreichen (in der Apotheke erhältlich)

Aus Mehl, Hefe, Milch und etwas Zucker einen Hefeteig bereiten. Zugedeckt 30 Minuten gehen lassen. Korinthen und Rosinen in kochendes Wasser zum Quellen geben. Gut abgetropft zusammen mit der zerlassenen Butter, restlichem Zucker, Ei und den Gewürzen in den Teig geben. Mit dem Knethaken des Handrührgerätes so lange kneten, bis der Teig Blasen wirft. Butter in dünnen Scheiben in den Teig kneten. Backblech mit der Margarine einfetten. Mit bemehlten Händen 15 runde Bällchen formen und in großem Abstand auf das Backblech setzen. 30 Minuten gehen lassen. Brötchen oben mit Rosenwasser bestreichen. Im vorgeheizten Backofen, mittlere Schiene, bei 180°C etwa 35 Minuten backen.

Heringe mit Speckstippe

Dieses Gericht empfiehlt sich für die Zeit von Juli bis Dezember, denn dann werden Heringe frisch angelandet und schmecken am besten. Aus dem früheren „Armeleuteessen" ist mittlerweile schon fast eine Delikatesse geworden.

*4–6 mittelgroße küchenfertige Salzheringe.
2–3 mittelgroße Zwiebeln,
6 Wacholderbeeren, ½ Teelöffel Senfkörner, 2 Pimentkörner,
¼ Liter Essig, ⅛ Liter Wasser.
200 g durchwachsener Speck*

Ausgenommene und von Kopf und Schwanz befreite Heringe abspülen. Für die Marinade die geschälten Zwiebeln in Ringe schneiden und mit allen Zutaten (außer dem Speck) in einem Topf aufkochen und abkühlen lassen. Dann schichtweise die Heringe und die Zwiebeln in einen Steinguttopf geben. Die Marinade darüber gießen. Zugedeckt 2–3 Tage ziehen lassen. Speck in Würfel schneiden und auslassen. Zusammen mit den Heringen, frischgekochten Pellkartoffeln und Butterbohnen anrichten.

Holunderbeersekt

Einige Flaschen Holunderbeersekt sind bei einer Einladung zu einer sommerlichen Gartenparty sicherlich nicht alltägliche „Mitbringsel", werden dafür aber bestimmt um so willkommener sein: erfrischend und für Autofahrer ohne große Geschmacksverluste mit Mineralwasser zu „verlängern".

ca. 10–30 Holunderbeerdolden, 7 Liter Wasser, 1 kg Zucker, Schale von 2 ungespritzten Zitronen, 50 g Weinsteinsäure

Die Zutaten in einen großen Steintopf geben, gut umrühren und 72 Stunden zugedeckt stehen lassen. Dann durch ein Tuch seihen, in Flaschen abfüllen und verkorken. 2–4 Tage in die Sonne stellen, bis die Flüssigkeit zu perlen beginnt. Dann in den Keller stellen und bis zum Frühjahr stehen lassen.

Karpfen-Frikassee

Dieses alte Rezept stammt noch aus der Zeit, als es in den Heidegewässern überreichlich Fische gab. Durch Flußbegradigungen wurde der Bestand so drastisch reduziert, daß nur noch in wenigen Oberläufen von Heidebächen Karpfen, Schleie und Forelle vertreten sind. Zum größten Teil stammen diese Edelfische heute aus künstlich angelegten Zuchtteichen.

*1 kg Karpfen (vom Fischhändler in Filets teilen lassen, alle Abfälle mitnehmen),
1 Zwiebel, 1 Lorbeerblatt,
5 Gewürzkörner, Salz, 1 Bund Suppengrün, 1½ Liter Wasser.
400 g Salatgurke, 2 Schalotten,
40 g Butter, ¼ Liter trockener Weißwein,
120 g Nordseekrabben-Fleisch,
3 Stiele Basilikum, 4 Tomaten,
¼ Liter Sahne, 100 g Butter*

Karpfenfilets trockentupfen und in gleichmäßige Stücke schneiden. Aus Kopf, Schwanz, Gräten, Zwiebel, Gewürzen und Suppengrün einen Fischsud zubereiten. Gurke schälen, entkernen und in Stücke schneiden. Schalotten kleinhacken, in Butter dünsten und mit Wein ablöschen. Um die Hälfte einkochen und mit durchgeseihtem Fischsud auffüllen. Nochmals einkochen. Karpfenstücke und Gurkenscheiben dazugeben und kurz ziehen lassen. Fisch und Gurkenstücke herausnehmen und zusammen mit dem Krabbenfleisch, grob gehackten Basilikumblättern (2–3 zurücklassen) und den abgezogenen, gewürfelten Tomaten in eine Schüssel geben und warm stellen. In den eingekochten Fischfond die Sahne und die kalten Butterflöckchen schlagen. Soße über die Fischstücke geben. Mit den restlichen Basilikumblättchen garnieren.

Knipp

Knipp ist eine weiche Grützwurst, die in Naturdärme gefüllt und dann leicht geräuchert wird. Also eine handfeste Angelegenheit, die besonders in der kalten Jahreszeit gerne gegessen wird.

*1 kg Graupen, 2 Liter Fleischbrühe,
800 g Rinderleber, Fett,
300 g mageres Schweinefleisch,
500 g geräucherte Speckschwarten,
Salz, weißer Pfeffer, 1 Prise
Nelkenpfeffer, 2 Liter Fleischbrühe*

Graupen in heißer Brühe bei kleiner Hitze zugedeckt ausquellen lassen. Rinderleber in grobe Stücke schneiden und in wenig Fett anbraten; das in Würfel geschnittene Schweinefleisch und die Schwarten hinzufügen. Zugedeckt in Wasser garen. Dann abgetropft durch die feine Scheibe des Fleischwolfs drehen. Unter die Graupen rühren. Gut würzen. Diese Masse in einen Leinenbeutel füllen, zubinden und in der heißen Brühe etwa 2 Stunden ziehen lassen. Dann wird der Beutel entfernt und die Grützwurstmasse in der Pfanne gebraten. Dabei muß die Masse kleine Krüstchen bilden, sie darf nicht breiig sein.
Mit Bratkartoffeln zu Tisch geben.

Bremer Kükenragout

Seit 200 Jahren wird in und um Bremen herum Kükenragout zubereitet. Statt Küken werden heutzutage allerdings Brustfilets von Hähnchen verwendet.

*1 küchenfertige Poularde,
1 Kalbszunge (500 g),
3 Liter Wasser, Salz, 1 Bund Suppengrün, 600 g Kalbsbries,
500 g Hähnchenbrustfilet, 30 g Butter.
Für die Soße: 40 g Butter,
20 g Krebsbutter, 60 g Mehl, ¾ Liter Hühner-Zungenbrühe, Salz, Saft einer Zitrone, 3 Eßlöffel Weißwein,
1 Prise Zucker, 1–2 Eigelb,
3 Eßlöffel Crème fraîche.
Außerdem: 250 g Kalbfleisch (Keule), 1 Becher süße Sahne (250 g), 1 Ei, Salz, weißer Pfeffer, je 125 g Champignons und Spargelspitzen,
200 g Krebsschwänze*

Poularde und Kalbszunge in gesalzenem Wasser mit Suppengrün garen. Nach 80 Minuten herausnehmen; Poularde anderweitig verwenden. Die gehäutete Zunge würfeln, mit etwas Brühe warm stellen. Kalbsbries mit kochendem Wasser übergießen, Äderchen und Haut entfernen, 10 Minuten in die restliche kochende Brühe geben. Herausnehmen und in Stücke schneiden. Warm stellen. Hähnchenbrustfilets in Butter garbraten. Warm stellen. Aus den Zutaten eine helle Soße bereiten, würzen, mit Eigelb und Crème fraîche legieren. Kalbfleisch durchdrehen, Sahne und Ei zugeben, würzen. Kalt stellen. Dann daraus Klößchen formen; Klößchen, Pilze und Spargelspitzen in der Zungen-Geflügelbrühe garziehen lassen. Alle Zutaten gut abgetropft mit den Krebsschwänzen und den in Streifen geschnittenen Hähnchenfilets in die Soße geben. Mit Reis zusammen reichen.

Lachs im Blätterteig

Im frühen Mittelalter galt Lachs als mehr oder weniger beliebte Fastenspeise, und im 16. Jahrhundert wollten ihn die Dienstboten nicht öfter als zweimal in der Woche auf ihrem Tisch sehen.

300 g Lachsfilet, Saft einer Zitrone, 1 Packung tiefgefrorenen Blätterteig, Mehl, 250 g blanchierte Spinatblätter, 4 gewürfelte Schalotten, 200 g gehackte Champignons, weißer Pfeffer, Salz, 1 Eigelb.
Für die Zitronensoße:
40 g Butter, 4 Schalotten,
200 ml Fischfond,
½ Glas Weißwein, 1 Becher Crème fraîche (200 g), Schale von 2 ungespritzten Zitronen, Butter

Lachsfilets mit Zitronensaft beträufeln. Aufgetaute Blätterteigplatten mit den Kanten leicht überlappend zu einem Rechteck aneinanderlegen. Mit wenig Mehl bestäuben und leicht ausrollen. Die Hälfte der Spinatblätter in der Mitte des Teiges anordnen, würzen, darauf die Hälfte der Schalotten und der Champignons geben, würzen. Das Lachsfilet auf die Champignons legen, mit den restlichen Schalotten und Pilzen belegen. Blätterteig wie ein Paket einschlagen. Auf ein mit kaltem Wasser abgespültes Blech legen. Im vorgeheizten Backofen, untere Schiene, bei 200°C etwa 25–30 Minuten backen. Nach halber Backzeit obenauf mit Eigelb bestreichen.

Für die Soße Butter zerlassen, darin die gehackten Schalotten andünsten. Mit Fischfond und Weißwein auffüllen. Crème fraîche einrühren. Zur Hälfte einkochen. Abgeriebene Zitronenschale zugeben. Kalte Butter in Flöckchen einschlagen.

Lachsforelle mit frischen Krebsen

Die Lachs- oder Meerforelle stammt aus der Familie der Lachse. Sie lebt im Meer und kommt wie die Lachse zum Laichen in die Flüsse. Ihr Gewicht beträgt 600 g bis 1 kg.

1 küchenfertige Lachsforelle (1 kg), einige Dillsamen, 100 g Sellerieknolle, 2 Möhren, 2 Liter Wasser, Salz, 12 Flußkrebse. Butter zum Einfetten, 4 Schalotten, 100 g Champignons, Salz, weißer Pfeffer, ¼ Liter trockener Weißwein, ½ Liter Crème fraîche, 1 Salatgurke, Butter, 2 Eßlöffel gehackter Dill, weißer Pfeffer, 4 Blätterteigfleurons

Lachsforelle filetieren. Dill, Sellerie und Möhren in Salzwasser aufkochen. Krebse darin 15 Minuten ziehen lassen. Krebsfleisch anschließend herauslösen. 1 Liter Krebsfond mit Gemüse abmessen, davon die Hälfte auf ¼ Liter einkochen. Eine feuerfeste gefettete Form mit den gehackten Schalotten und den Pilzscheiben auslegen. Darauf die Lachsfilets geben. Mit Salz und Pfeffer würzen und mit Wein begießen; mit Alufolie verschließen. Im vorgeheizten Backofen bei 170°C 20 Minuten garen. Den Fisch herausnehmen und warm stellen. Das Champignon-Wein-Gemisch passieren, mit dem restlichen Krebsfond auf ½ Liter einkochen. Crème fraîche hinzugießen, nicht mehr kochen lassen. Geschälte Gurke in bleistiftdicke, etwa 5 cm lange Stücke schneiden und in zerlassener Butter andünsten. Mit Dill bestreuen und würzen. Die Lachsforelle mit der Soße, den Gurkenstückchen und dem Krebsfleisch anrichten. Mit Dill und Blätterteigfleurons garnieren.

Lederne Jungs

So heißen in Niedersachsen die großen dicken Bohnen, und ihren lustigen Namen haben sie von ihrem Aussehen, wenn sie gekocht sind. Sie ergeben hier ein deftiges Gericht, das so richtig zum „Vollessen" einlädt und anschließend einen Verdauungsschnaps fordert.

100 g durchwachsener Speck, 1 mittelgroße Zwiebel, 400 g ausgepahlte dicke Bohnen, 500 g Möhren, ¾ Liter heiße Fleischbrühe, 1 Bund frisches Bohnenkraut, Salz, weißer Pfeffer

Speck und Zwiebeln würfeln und zusammen in einem Topf glasig werden lassen. Dicke Bohnen und geputzte, in Stücke geschnittene Möhren zugeben. Mit der Brühe aufgießen. Bohnenkraut obenauflegen. Zugedeckt 25–30 Minuten bei mittlerer Hitze garen. Mit Salz und Pfeffer abschmecken.

Warmes Matjesfilet mit Mandel-Kräutersoße

Mitte Mai bis Anfang Juni wird der Matjes in der nördlichen Nordsee, an der Nordküste Irlands und an der holländischen Küste gefangen. Als Matjes bezeichnet man den noch nicht geschlechtsreifen Hering, dessen Fleisch sehr zart und vorzüglich im Geschmack ist.

100 g Butter, 8 Matjesfilets, 1 mittelgroße Zwiebel, 100 g Mandelblättchen, 2 Becher süße Sahne (je 200 g), je 1 Bund Petersilie und Dill, 30 g Kerbel, 1 Bund Estragon, ½ Bund Schnittlauch

Butter in einer Pfanne zerlassen. Die Matjesfilets darin von beiden Seiten erwärmen. Auf eine Platte legen und warm halten. Die sehr fein gehackte Zwiebel ins Bratfett geben. Die Mandeln zufügen. Sahne einrühren und bis zur Hälfte einkochen lassen. Die abgebrausten, trockengetupften Kräuter hacken und in die Soße streuen. Matjes anrichten und die Soße darübergeben.
Passende Beilagen sind Salzkartoffeln und grüner Salat mit einer Zitronenmarinade.

Matjes-Tatar in der Kartoffel

Eine den Gaumen besänftigende Kombination, nimmt doch die gekochte Kartoffel dem Tatar dessen für manche Zungen zu würzige Schärfe.

4 große Kartoffeln (1 kg), 3 Matjesfilets (150 g), etwas Milch, je 1 rote und grüne Paprikaschote (300 g), 1 kleine Zwiebel, 1 Bund Schnittlauch, 1 Becher Crème fraîche (100 g)

Kartoffeln abbürsten und in leicht gesalzenem Wasser garkochen. Matjesfilets in Milch legen. Paprikaschoten im Backofen auf dem Rost bei 280°C etwa 20 Minuten backen, bis sich die Haut abziehen läßt. Zwischendurch wenden. Häuten, entkernen und fein würfeln. Geschälte Zwiebeln sehr fein hacken. Alles zusammen mit den abgetropften, gewürfelten Matjesfilets, den Schnittlauchröllchen und der Crème fraîche mischen.
Abgegossene, gut gedämpfte Kartoffeln pellen. Mit dem Ausstecher aushöhlen. Kartoffelstückchen würfeln und unter das Matjes-Tatar heben. Kartoffeln inzwischen warm stellen. Das Tatar in die heißen Kartoffeln füllen. Sofort servieren.

Möhrensoufflé „Stefan"

Ein Soufflé ist ein hauchzarter Auflauf und wird gern als Vorspeise oder als Zwischengericht serviert, um den Gaumen für die nächste kulinarische Aufmerksamkeit vorzubereiten.

70 g Mehl, ¼ Liter Milch, 20 g Butter, 3 Eigelb, 130 g Möhren, fein geraspelt, 80 g geriebene Haselnüsse, Saft einer Orange, 4 Eiweiß, 100 g Zucker, Butter, Zucker zum Ausstreuen

Mehl mit etwas kalter Milch anrühren, restliche Milch und Butter erhitzen, das angerührte Mehl dazugeben und aufkochen. Abkühlen lassen, Eigelb nacheinander unterrühren, wieder aufkochen, danach den Topf vom Herd nehmen, Möhren, Haselnüsse und Orangensaft zufügen. Eiweiß steifschlagen, Zucker einrieseln lassen. Eiweiß unter die helle Möhrensoße heben. 4 kleine Auflaufförmchen mit Butter einfetten und mit Zucker ausstreuen. Die Masse bis zur Hälfte einfüllen. Im vorgeheizten Backofen bei 200°C 25–30 Minuten backen. Im Förmchen servieren.

Muschelterrine mit Algen

Die hier verwendeten Meeresalgen „Passepièrres" gibt es von Ende April bis Oktober in guten Fisch- oder Delikatessen-Geschäften. Bevor man die Algen verwendet, müssen sie gründlich gewässert werden.

2 kg Miesmuscheln, 2 kleine Stangen Lauch, 1 kleines Stück Sellerieknolle, 1 kleine Zwiebel, ¼ Liter trockener Weißwein, frisch gemahlener weißer Pfeffer, 1 Prise Salz, 2 Blatt weiße Gelatine, 3 Eier, ¼ Liter Sahne, 2 Eßlöffel Anisschnaps, 1 Messerspitze Safran, etwas weißer Pfeffer, 2 Zweige junge Meeresalgen (Passepièrre), Butter

Miesmuscheln abspülen, Byssusfäden entfernen, offene Muscheln wegwerfen. Geputztes, zerkleinertes Gemüse, Zwiebelringe, Weißwein, Pfeffer und Salz aufkochen. Muscheln hineingeben und etwa 15 Minuten zugedeckt ziehen lassen, bis sich die Schalen öffnen. Geschlossene Muscheln ebenfalls wegwerfen. Muschelfleisch herauslösen. In dem durchgeseihten Muschelfond die eingeweichte, ausgedrückte Gelatine auflösen und unterrühren. Die Hälfte der Muscheln mit den Eiern und dem Muschelfond im Mixaufsatz pürieren. Kühl stellen. Dann die Sahne, den Anisschnaps, aufgelösten Safran und Pfeffer zufügen. Gewässerte Meeresalgen leicht zerpflücken, zusammen mit den restlichen Muscheln und dem Muschelpüree in eine mit Butter eingefettete Terrinen-Form füllen. Die geschlossene Terrine im Wasserbad im Backofen, untere Schiene, bei 140° C etwa 80 Minuten garen. Im Wasserbad und in der Terrine 12 Stunden auskühlen lassen. Dann stürzen und in Scheiben schneiden.

Nußlikör

Nüsse waren schon im frühen Mittelalter hochgeachtet. Vor allem wegen ihres hohen Fettgehaltes, der es ermöglichte, aus ihnen ein wohlschmeckendes Speiseöl zu gewinnen. Aber auch schon damals wußte man, aus den unreifen Früchten einen Nußlikör zu bereiten, den ein altes Nachschlagewerk fröhlich „eines der angenehmsten Mund-Parfümiermittel" nennt.

500 g unreife Walnüsse, 2 Liter Branntwein, 750 g Zucker, ¾ Liter Wasser, 16 g Zimtpulver, 8 g Nelkenpulver

Walnüsse zerschneiden und in breithalsige Flaschen geben. Branntwein einfüllen, Flaschen verkorken und kühl stellen. Jeden Tag schütteln. Nach 6 Wochen die Flüssigkeit durch ein Tuch seihen. Zucker in Wasser zu klarem Sirup kochen, Gewürze zufügen und abgekühlt mit der Nußflüssigkeit mischen. Wiederum in Flaschen filtern. Kühl stellen. Kann sofort getrunken werden.

Oberharzer Pritschewerk

Es waren Festtage, wenn in den Oberharzer Kleinstädten Markt gehalten wurde. Vom Ei bis hin zum lebenden Schlachtvieh boten die Bauern alles zum Kauf an. Nach getaner Arbeit sagte man sich: „Handeln macht hungrig und durstig." Beim Schlachter, der gleichzeitig auch die Gastwirtschaft betrieb, wurden die mitgebrachten Eier und Kartoffeln in die Küche gegeben. Wenn nun alles in der Pfanne „pritschelte", freute sich schon jeder auf das Pritschewerk; nicht zuletzt deshalb, weil auch mancher „Schluck" dazu getrunken wurde.

800 g kleine, festkochende Kartoffeln, Salz, 60 g Butter, 800 g Harzer Schmorwurst, 8 Eier, 1 Bund Petersilie, 2 Tomaten

Kartoffeln gründlich waschen, abbürsten und gut abtrocknen. Jede Kartoffel mit einem ausreichend großen Stück Alufolie als Unterlage auf ein Backblech setzen. Mit Salz bestreuen und mit Butterflöckchen belegen. Die Kartoffeln locker einwickeln. Im vorgeheizten Backofen bei 220°C 30–35 Minuten garen. Inzwischen die Wurstmasse aus dem Darm in die Pfanne drücken, mit etwas Wasser vermischt erhitzen. Sobald die Wurstmasse kocht, die Eier nacheinander hineingeben, umrühren, bis die Eier gestockt sind. Dazu werden die kleinen Kartoffeln, die mit Petersilie und Tomaten garniert werden, zusammen mit grünem Salat in einer süß abgeschmeckten Sahnesoße, gegessen, und danach empfiehlt sich ein Gläschen „Harzgeist".

Pannenslag

Dies ist ein scharf gewürzter Wurstbrei, von dem man einen „Slag" voll in die Pfanne gibt, um ihn dann schön braun zu braten. In der Hannoveraner Gegend wird Pannenslag oder Pannslag während der Schlachtzeit zubereitet. Dazu ißt man Senf-, Pfeffer- oder Gewürzgurken und trinkt wohl einige „Lütje Lagen" – eine Kombination von Kornschnaps und einem kleinen Glas Bier. Schnaps- und Bierglas werden so gehalten, daß beide Getränke in einem Zug geleert werden.

250 g Grütze, 2 Liter Fleisch- oder Wurstbrühe (vom Schlachter), je 500 g Schweinekopf und fleischige Rippen, 1 Schweineherz und -hirn, 10 weiße Pfefferkörner, Salz, 1 Teelöffel gerebelter Majoran, 1 Messerspitze Piment, 4 mittelgroße Zwiebeln

Grütze in heißer Brühe gut ausquellen lassen. Kopf- und Rippenfleisch von den Knochen lösen und kleinschneiden. Herz und Hirn ebenfalls kleinwürfeln und mit dem kleingeschnittenen Fleisch, den Gewürzen und gewürfelten Zwiebeln in den Grützbrei geben und gut, aber vorsichtig durchkochen lassen. Oft umrühren. Von der fertigen Masse gibt man einen „Slag" in die Pfanne und brät ihn schön braun.

Parfait von Heideblütenhonig

Diese Art der Dessertzubereitung gab es schon vor hundert Jahren; ein Beweis, daß es die Rezepte aus Großmutters Zeiten durchaus mit der „Nouvelle Cuisine" von heute aufnehmen können.

*3 Eigelb, 2 Eier,
100 g Heideblütenhonig, ½ Liter geschlagene Sahne, 4 Scheiben getrocknetes, feingeriebenes Schwarzbrot, 5 cl Pomeranzenlikör.
1 Becher Sahne (150 g), 1 Päckchen Vanillezucker,
5 cl Pomeranzenlikör, einige in Zuckersirup mit Nelken- und Zimtpulver pochierte Birnenspalten*

Eigelb, Eier und Heideblütenhonig verrühren und im heißen Wasserbad zu einer dicken Creme rühren. Herausnehmen und kalt weiterschlagen. Sahne, Schwarzbrotkrümel und Pomeranzenlikör hinzufügen. Die Masse in eine Kastenform füllen und etwa 12 Stunden gefrieren lassen. Zum Anrichten Sahne, Vanillezucker und Pomeranzenlikör verrühren und auf einem Dessert-Teller einen Spiegel gießen, jeweils eine Scheibe Parfait (mit angewärmtem Messer schneiden) darauf legen. Mit den Birnenspalten garnieren.

Plaaten in de Pann

Dieses Gericht kommt aus dem Weserbergland und heißt so viel wie Fladen in der Pfanne. Am besten schmeckt es, wenn es in einer echten Eisenpfanne zubereitet wird. Hin und wieder liest man, daß Tomatenscheiben hinzugefügt werden. Man sollte es lieber in seiner ursprünglichen Form belassen.

4 kleine harte Mettwürste, 40 g Bratfett, 1 kg Kartoffeln, Salz, weißer Pfeffer, ⅛ Liter heiße Fleischbrühe, ⅛ Liter Sahne, 1 Messerspitze gemahlener Kümmel, 1 Bund gehackte Petersilie

Mettwürste in etwa 2 cm dicke Scheiben schneiden. Fett in einer großen Pfanne erhitzen und die Wurstscheiben darin von allen Seiten anbraten. Pfanne von der Herdstelle nehmen, die geschälten, sehr dünn geschnittenen Kartoffeln auf die Wurstscheiben legen. Mit Salz und Pfeffer bestreuen. Fleischbrühe zugießen und zugedeckt 20 Minuten schmoren lassen. Zwischendurch einmal wenden. Sahne und Kümmel verquirlen, über die Kartoffel-Wurstmasse geben. Noch weitere 15 Minuten zugedeckt bei mittlerer Hitze schmoren lassen. Zum Servieren mit gehackter Petersilie bestreuen. Statt der Mettwürstchen können auch grobe, gebrühte Bratwürste verwendet werden.

Pökelfleisch in Rotwein-Gelee

Pökelfleisch ist – für sich allein genossen – immer etwas trocken und wird deshalb gern zusammen mit einer Meerrettich- oder Rosinensoße gereicht. Den Vergleich mit einem frischen Braten kann es dann immer noch nur schwer aufnehmen. Die folgende Sülze jedoch gehört ohne Zweifel zu den Gerichten „vornehmerer Art".

*750 g gepökelte Rinderbrust,
1 Zwiebel, 1 Bund Suppengrün,
1 Lorbeerblatt, 1 Zweig Thymian,
1½ Liter Wasser, ¼ Liter Rotwein, je
5 Blatt rote und weiße Gelatine,
150 g Rosinen*

Rinderbrust abspülen und zusammen mit der geschälten Zwiebel, dem geputzten, kleingeschnittenen Suppengrün und den Gewürzen in der Flüssigkeit aufsetzen und 1½ Stunden bei kleiner Hitze garkochen. Das Fleisch herausnehmen und abkühlen lassen. Die Brühe durchseihen und um die Hälfte einkochen. Gelatine einweichen, gut ausdrücken und in der Brühe auflösen. Das abgekühlte Fleisch in dünne Scheiben schneiden. In eine mit kaltem Wasser ausgespülte Porzellanform geben, zwischen die Fleischscheiben die Rosinen streuen. Den gelatinehaltigen Fond darüber gießen. Abkühlen und im Kühlschrank erstarren lassen. Als Beilagen eignen sich Schwarzbrot mit Butter oder Bratkartoffeln.

Prilleken

Ein Fastnachtsgebäck, das besonders in der Braunschweiger Gegend gebacken wird. Auf dem Lande backte man früher dieses Gebäck bergeweise, und das hatte seinen guten Grund: Am Fastnachtsabend gingen die Dorfkinder, in der Hand Tannenreiser, von Haus zu Haus und sangen: „Fasselnacht, wat willst je geben? Appel oder Beeren? Geld nehmt wi gern. Lat ösch nicht tau lange stahn, de willt noch wider gahn." Die Besuchten gaben Pfennige und Prilleken gern freiwillig, um nicht mit den Tannenreisern gekitzelt zu werden.

500 g Mehl, 30 g Hefe, 100 g Zucker, ¼ Liter Milch, 80 g Butter, 1 Prise Salz, Schale einer ungespritzten Zitrone, Backfett, Zucker zum Bestreuen

Das Mehl in eine Schüssel geben; in die Mitte eine Vertiefung drücken. Darin die zerbröckelte Hefe, je 2 Teelöffel Zucker und Milch verrühren. Zugedeckt 15 Minuten an einen warmen Ort stellen. Butter in Flöckchen, restlichen Zucker, Salz und die Zitronenschale auf dem Rand verteilen, alles mit der restlichen Milch zu einem geschmeidigen Teig verarbeiten. Aus dem Teig kleine Bällchen formen, diese plattdrücken und aufgehen lassen. Das Backfett auf 180°C in einem Fett-Topf oder einer Friteuse erhitzen und die Teigplättchen darin goldgelb ausbacken. Herausnehmen, abtropfen lassen und sofort mit Zucker bestreuen.
Die angegebenen Mengen sind ausreichend für etwa 50 Prilleken.

Bederkesaer Räucheraalsuppe

Bederkesa liegt im Elbe-Weser-Dreieck und ist von vier Seen umgeben. In diesen Überbleibseln der letzten Eiszeit finden sich auch häufig Aale, die sowohl in Süß- als auch in Salzwasser leben können.

1 geräucherter Aal (250 g), ¾ Liter Fleischbrühe, 150 g Suppengrün (Sellerie, Möhren, Lauch, Petersilienwurzel), 6 Eigelb, ¼ Liter Sahne, 1 Bund gehackte Petersilie

Räucheraal filetieren. Aalstücke beiseite legen. Kopf, Haut und Gräten in der Fleischbrühe auskochen. Die Brühe durchseihen. Das Suppengrün würfeln und streifig schneiden und in der Brühe garziehen lassen. Aalstücke dazugeben. Eigelb und Sahne sowie Petersilie mit etwas heißer Brühe verrühren und die Suppe damit legieren. Den Topf sofort von der Kochstelle nehmen. Die Suppe dann in vorgewärmte Tassen oder Teller geben. Wer mag, kann zusätzlich eine Haube von ungesüßter Sahne auf die Suppe setzen.

Rehsteak mit Kohlbeutelchen

Sein Wohlgeschmack und seine Zartheit machen das Rehwildbret zu einer Gaumenfreude ersten Ranges. Weil äußerst fettarm, wird es in der Regel bei der Zubereitung in einen Speckmantel gehüllt. Will man auf tiefgefrorene Ware verzichten, so kann man von Mitte Mai bis Oktober Fleisch von Rehböcken erhalten, das von Ricken und Kitzen ab Anfang September bis Ende Januar.

4 Rehsteaks von je 125 g, Salz, je 1 Prise geriebene Muskatnuß, Nelkenpfeffer und schwarzer Pfeffer, 40 g Butterschmalz, 4 Scheiben durchwachsener Speck. Für die Kohlbeutelchen: je 1 kleiner Kopf Wirsing-, Weiß- und Rotkohl, 40 g Butter, 1 Zwiebel, 150 g abgetropfte gemischte Pilze (Dose), 50 g gewürfelter durchwachsener Speck, 1 Ei, 3 Eßlöffel Sahne, weißer Pfeffer, Brühe zum Garziehen

Rehsteaks würzen, mit zerlassenem Butterschmalz übergießen und mit dem Speck seitlich umwickeln. Für die Kohlbeutelchen die äußeren Kohlblätter der Kohlköpfe und die Strünke entfernen. Von jedem Kohlkopf 5 Blätter ablösen (restlichen Kohl anderweitig verwenden), in gesalzenem Wasser kurz garen. Jede Kohlsorte für sich auslegen. Alle Zutaten für die Füllung mischen, auf den Blättern verteilen und wie Beutelchen zusammenwickeln. In heißer Brühe bis zur Hälfte stehend etwa 15 Minuten garziehen lassen. Steaks von jeder Seite 5 Minuten braten. Warm stellen. Das Butterschmalz in den Bratfond geben, erhitzen, dann über die Kohlbeutelchen geben.
Beilagen: Mischpilze, Semmelklöße.

Rhabarber-Auflauf

Die Griechen gaben dem Rhabarber seinen Namen. In ihrer heimischen Pflanzenwelt war er ein Fremder, ein Barbar von der Rha, der Wolga. Aber auch in dieser Gegend war er ursprünglich nicht heimisch, sondern wurde aus China eingeführt, wo er schon um 2700 v. Chr. als Heilpflanze erwähnt wird. Erst nach dem 17. Jahrhundert wurde Rhabarber als Gemüse in Mitteleuropa bekannt, denn lange Zeit hatte die sibirische Grenzstadt Kiachta ein Einfuhrmonopol für chinesischen Rhabarber. 1840 erwarben Händler aus den Vierlanden einige Pflanzen von einem Engländer. In den Vierlanden wurde der Rhabarber veredelt und breitete sich dann schnell über ganz Norddeutschland aus.

*1,4 kg junger Rhabarber,
60 g Butter, 1 Teelöffel Zimtpulver,
abgeriebene Schale einer
ungespritzten Zitrone, 2 Eigelb,
2 Eiweiß, 100 g Zucker, Butter,
Kartoffelmehl, Puderzucker*

Geputzten Rhabarber in daumenlange Stücke schneiden. Butter zerlassen, Zimtpulver und Zitronenschale zugeben, den Rhabarber hinzufügen. Ohne Deckel bei kleinster Hitze dünsten, bis die Flüssigkeit verdampft ist. Noch warm im Mixaufsatz der Küchenmaschine pürieren. Eigelb und etwas Zucker schaumigschlagen. Eiweiß sehr steif schlagen, restlichen Zucker unterheben. Rhabarberpüree mit Eigelb- und Eiweißmasse mischen. In 4 feuerfeste, eingebutterte und mit Kartoffelmehl ausgestäubte Auflaufförmchen (ca. 10 cm Durchmesser) füllen. Im vorgeheizten Backofen, untere Schiene, bei 220°C etwa 10 Minuten backen. Herausnehmen und mit Puderzucker bestäuben. Sofort heiß servieren.

Rökert auf Großenorter Art

Dieses Gericht, auch Swienskopp oder Boßstück genannt, stammt aus dem Hadeler Land, das zwischen den Südgrenzen des ursprünglichen Cuxhaven und den Ufern der Oste, zwischen der Elbe und den Höhenzügen der Geestrücken liegt. Hier muß es dieses Gericht – soll das neue Jahr Glück bringen – mindestens einmal geben: entweder gleich am „Vollbuksabend" (Vollebauchabend), dem Heiligabend, an Silvester oder spätestens am 6. Januar (Heilige Drei Könige).

750 g durchwachsener Rauchspeck, 750 g frischer Bauchspeck, 800 g Steckrüben (Oldenburger Südfrucht), 10 kleine Möhren, 4 kleine Porreestangen, Salz, 8–12 Kochbirnen, 4 Kohl- oder Mettwürstchen.
Für die Klüten:
250 g Mehl, Salz, ¼ Liter kochendes Wasser, Brühe zum Garen

Fleisch, geviertelte Steckrüben, die ganzen Möhren und die in grobe Stücke geschnittenen Porreestangen in einem großen Topf mit Salzwasser bedeckt bei kleiner Hitze 2¼ Stunden garen. 30 Minuten vor Ende der Garzeit die Birnen und die Würstchen zufügen. Inzwischen Mehl in eine Schüssel geben, Salz zugeben, mit kochendem Wasser begießen. Tüchtig mit einem Holzlöffel zu einem festen Teig schlagen. 4 tennisballgroße Klüten formen. In kochender Fleischbrühe 20 Minuten ziehen lassen. Auf einer Platte aufgeschnittenes Fleisch mit Birnen umlegen und mit dem Gemüse anrichten. Die Brühe – genannt die „Jüchen" – sowie die Klüten separat in Schüsseln anrichten. Wer will, kann auch noch Salzkartoffeln dazugeben.

Runx-Munx

Dieses Gericht wurde schon im Mittelalter in den Bördenlandschaften des Harzvorlandes gekocht. Dabei kannte jede Familie auch einige Rezeptabwandlungen: So wurde zum Beispiel anstatt Ochsenschwanz fettes Schweinefleisch verwendet oder es wurden Äpfel und Birnen mitgekocht. Immer aber erfüllte es seine Funktion: Es gab den Bauern die richtige Kraft für ihre schwere Arbeit.

2 Zwiebeln, 2 kleine Stangen Lauch, 40 g Butter, 1½ Liter heiße Fleischbrühe, 500 g Weißkohl, 500 g Steckrüben, 1 kg Ochsenschwanz, 4 Wacholderbeeren, je 1 Prise Koriander, gerebelter Majoran und Salz, 200 g Kartoffeln, 500 g Harzer Schmorwurst

Zwiebeln schälen und fein hacken. Lauch putzen und in Ringe schneiden. Butter erhitzen, Lauch und Zwiebeln darin andünsten. Mit Fleischbrühe auffüllen. Geputzten Kohl in kleine Stücke, geputzte Steckrüben in Würfel schneiden. Zusammen mit dem kleingeschnittenen Ochsenschwanz und den Gewürzen in die Brühe geben. Zugedeckt 1 Stunde kochen lassen. 15 Minuten vor Ende der Garzeit die geschälten, kleingeschnittenen Kartoffeln zufügen, ebenso die Schmorwurst einlegen.
Dazu Harzer-Bauernbrotscheiben, in Butter goldgelb gebacken, servieren.

Sauerampfersuppe mit Lachsstreifen

Die Heide hatte früher als Lieferant für Heilkräuter einen guten Ruf. Aber man kannte damals auch schon profanere Verwendungsmöglichkeiten für die duftenden Heidepflänzchen: Etwa als Würze für die Wurstherstellung oder wie hier für wohlschmeckende Suppen.

1 Bund Sauerampfer (200 g), 30 g Butter, 300 g gekochte Kartoffeln, ½ Liter heiße Fleischbrühe, ⅛ Liter trockener Weißwein, Salz, frisch gemahlener weißer Pfeffer, ⅛ Liter Sahne. Für die Einlage: 200 g frischer Lachs, in dünne Scheiben geschnitten, einige Sauerampferblättchen

Sauerampfer abbrausen, grob schneiden und in Butter rundum andünsten. Gekochte Kartoffeln in Würfel oder Scheiben schneiden und hinzufügen. Mit der heißen Brühe und dem Wein aufgießen und würzen. Alles im Mixaufsatz der Küchenmaschine pürieren, noch einmal erhitzen und die Sahne zugießen. Den Topf von der Kochstelle nehmen und dann erst die in Streifen geschnittenen Lachsscheiben hinzugeben, kurz darin ziehen lassen. Die Suppe in vorgewärmte Teller geben und mit grob gehacktem Sauerampfer bestreut servieren.

Sauerfleisch nach altem Hausrezept

Sauerfleisch wird überall dort hergestellt, wo geschlachtet wird, und jeder Haushalt hat sein eigenes Rezept. Oft wird Sauerfleisch auch in Dosen gefüllt und der Vorratshaltung zugeführt.

750 g Schweinenacken, 3 Markknochen, 2 Zwiebeln, 1 Bund Suppengrün, 2 Lorbeerblätter, 4 Pimentkörner, 1 Eiweiß zum Klären, 8 Blatt weiße Gelatine, ⅛ Liter Essig, Salz, Zucker

Fleisch und Knochen abspülen und in gesalzenem Wasser aufkochen. Abschäumen und zusammen mit den geschälten und kleingehackten Zwiebeln, dem kleingeschnittenen Suppengrün und den Gewürzen zugedeckt 45 Minuten garziehen lassen. Fleisch und Knochen herausnehmen und die Brühe durch ein Sieb in einen Topf gießen. Eiweiß leicht verschlagen, hineingeben und gerinnen lassen. Oberfläche abschöpfen. Gelatine in kaltem Wasser einweichen, gut ausdrücken und in der Brühe auflösen. ½ Liter Brühe abmessen, Essig zugeben und abschmecken. Das Fleisch würfeln und in ein rundes Gefäß geben, die Aspikmasse einfüllen, abkühlen lassen und in den Kühlschrank stellen. Zum Servieren stürzen, in Scheiben schneiden und zusammen mit Bratkartoffeln und einer Remouladensoße reichen.

Sauerkraut-Torte

Diese Torte wurde um die Jahrhundertwende in Menzhausen gebacken. Damals wie heute reicht man sie bevorzugt zu Wildgeflügel, aber auch für sich allein ist diese Torte – zusammen mit einem trockenen Weißwein – ein Genuß.

1 Dose Sauerkraut (ca. 800 g), ¼ Liter trockener Weißwein, 200 g durchwachsener Speck, 1 Packung tiefgefrorener Blätterteig (300 g), frisch gemahlener weißer Pfeffer, 1 Eigelb

Sauerkraut mit dem Weißwein und dem in kleine Scheiben geschnittenen Speck bei geringer Hitze 50 Minuten zugedeckt garen. 10 Minuten vor Ende der Garzeit den Deckel abnehmen, damit die Flüssigkeit verdampft. Blätterteig leicht rund ausrollen (2 Platten für den Boden, 2 Platten für den Deckel, 1 Platte für den Rand) und eine feuerfeste Form (26 cm Ø) damit auslegen. Den Boden mehrere Male einstechen. Das abgetropfte Sauerkraut darüber verteilen. Mit Pfeffer bestreuen. Die Teigplatten als Deckel darüberlegen und mit der Gabel einstechen. An den Seiten leicht andrücken. Aus den Teigresten kleine Ornamente formen. Eigelb mit Wasser verquirlen und auf den Deckel streichen, die Ornamente ankleben. In den vorgeheizten Backofen, mittlere Schiene, stellen und bei 220°C 30 Minuten backen.

Schinken im Heu

Dieses – zugegeben – etwas außergewöhnliche Rezept ist eigentlich gar nicht schwer zuzubereiten. Irgendwoher müssen Sie sich nur das Heu besorgen. Bei den heutigen überdüngten und gespritzten Wiesen gar nicht so einfach und deshalb wohl die Hauptschwierigkeit bei diesem Gericht.

300 g Heu, frischer Thymian, 1 Lorbeerblatt, einige Nelken, 8 schwarze Pfefferkörner, 2 Wacholderbeeren, 1 kg leicht gepökelter Schinken (Oberschale), 2 Bund Frühlingszwiebeln, 1 Prise Salz, 40 g Butter

Heu in einen Topf geben, mit Wasser bedecken (etwa 3 cm über dem Heu). Gewürze darüber verteilen und alles aufkochen. Schinken darauflegen und den Topf zudecken. Bei kleiner Hitze 1 Stunde ziehen lassen. Schinken herausnehmen, in Scheiben schneiden. Heu auf eine Platte schichten, die Schinkenscheiben darauflegen, warm stellen. Frühlingszwiebeln putzen, 2 cm Grün daranlassen, in kochendes, leicht gesalzenes Wasser geben, kurz ziehen lassen; abgetropft in die zerlassene Butter geben und mit etwas Blanchierflüssigkeit auffüllen. 3 Minuten dünsten, dann herausnehmen und zu den Schinkenscheiben geben. Sofort servieren. Dazu gibt es Salz- oder Pellkartoffeln.

Schlehenlikör

Ob Schleh- oder Schwarzdorn, bei beiden handelt es sich um den gleichen dornigen Heckenstrauch mit weißen Blüten und blaubereiften Früchten. Die Früchte dürfen erst gepflückt werden, wenn sie schon einen Frost überdauert haben; dann sind sie saftiger und süßer. Man läßt sie noch ein wenig nachreifen, bis sie weich sind und verwendet sie dann für Säfte oder – wie hier – für Likör.

1½ kg gut gereifte Schlehen, 30 g Gewürznelken, ½ Zimtstange, 1½ kg grober Streuzucker, 1½ Liter Korn (38 Vol.%)

Schlehen trockenwischen, mehrere Male mit einer Nadel einstechen und in eine große Flasche geben. Nelken, Zimt und Zucker dazugeben und mit dem Korn auffüllen. Flaschen verkorken und 3–4 Wochen an einem warmen Platz stellen, hin und wieder schütteln. Danach die Flaschen 2–3 Monate an einem kühlen Ort liegend aufbewahren. Die Flaschen entkorken, den Likör filtern, wieder in Flaschen gießen und verkorkt kühl stellen.

Schmandkuchen

Dieser Kuchen stammt aus dem Eichsfeld zwischen Werra und Harz. Schmand ist der niedersächsische Ausdruck für saure Sahne mit sehr hohem Fettgehalt. In Feinkostgeschäften kann man echten Schmand bekommen.

500 g Mehl, 1 Päckchen Trockenhefe, 125 g Margarine, 125 g Zucker, 2 Eier, ½ Teelöffel Salz, ⅛–¼ Liter warme Milch, Margarine zum Einfetten.
Für den Belag: 1 Liter Milch, 125 g Grieß, 30 g Zucker, ½ Liter Milch, 40 g Zucker, 1 Päckchen Vanille-Puddingpulver, 4 Eigelb, 1 Päckchen Vanillezucker, 4 Eiweiß, 3 Becher (je 150 g) saure Sahne, 2 Eigelb, 2 Eiweiß

Aus den Zutaten einen Hefeteig bereiten und 30 Minuten gehen lassen. Mit dem Holzlöffel so lange schlagen, bis sich der Teig vom Schüsselboden löst. Den Teig nochmals gehen lassen. Dann auf ein gefettetes Backblech streichen. Aus Milch, Grieß, Zucker einen Grießbrei, aus Milch, Zucker und Vanille-Puddingpulver einen Vanillepudding kochen. Miteinander mischen. Eigelb, Vanillezucker und steifgeschlagenen Eischnee unterheben. Diese Masse auf dem Hefeteig verteilen. Saure Sahne, Eigelb und geschlagenes Eiweiß verrühren und auf dem Belag verteilen. Backblech in den vorgeheizten Backofen, mittlere Schiene, setzen. Bei 220°C etwa 35–40 Minuten backen.

Schollensoufflé mit Specksoße

Schollen gehören zu den Plattfischen aus der Nord- und Ostsee. Ihr Durchschnittsgewicht beträgt etwa 200 g. Für dieses Rezept kann man auch frische Schollen verwenden, muß dann aber über eine gewisse Fingerfertigkeit und ein sehr scharfes Messer verfügen, um die Schollen zu filetieren.

500 g tiefgefrorene Schollenfilets, 2 Fischköpfe, je ⅛ Liter trockener Weißwein und Wasser, 1 Bund Suppengrün, ⅛ Liter Sahne, 4 Eier, Salz, weißer Pfeffer, 4 Eßlöffel Sahne, Butter zum Einfetten, 200 g durchwachsener Speck

Schollenfilets auftauen. Die Fischköpfe, Wein, Wasser und zerkleinertes Suppengrün 20 Minuten köcheln lassen, durchseihen. Den Fond mit Sahne auffüllen und etwas einkochen. 4 Schollenfilets im Mixaufsatz der Küchenmaschine pürieren. Eier (ein Eiweiß zurücklassen) nach und nach zufügen. ⅛ Liter Fisch-Sahne-Fond unterrühren. Würzen und abkühlen lassen. Sahne und das zurückgelassene geschlagene Eiweiß unterheben. 6 feuerfeste Förmchen einfetten. Mit den Schollenfilets auslegen und die Fischfarce einfüllen. Im Wasserbad im Backofen bei 140°C 45 Minuten garen. Speck würfeln und auslassen, Fett abgießen und die Speckwürfel trockentupfen. In den erwärmten restlichen Fisch-Sahne-Fond geben. Soufflés auf Teller stürzen und mit der Specksoße umgießen.

Schweinefilet mit Kartoffelpuffern

Auch wenn Kartoffelpuffer mehr Arbeit machen als schlichte Salzkartoffeln, sollten Sie dieses Gericht unbedingt einmal probieren. Augen und Gaumen werden es Ihnen gleichermaßen danken.

*Für das Filet: 2 Schweinefilets (800 g), Salz, weißer Pfeffer, 4 Eßlöffel Senf, etwas Mehl, Öl, 3 Schalotten, 1/10 Liter trockener Weißwein, 200 g Crème fraîche.
Für die Puffer: 750 g Kartoffeln, 2 Zwiebeln, 1 Ei, Salz, weißer Pfeffer, geriebene Muskatnuß, Öl, frische Brunnenkresse, Crème fraîche*

Filets mit Salz, Pfeffer und 1 Eßlöffel Senf einreiben. In Mehl wenden und in Öl anbraten. Bei 200°C etwa 15 Minuten im Backofen braten. Das Filet herausnehmen und warm stellen. Gehackte Schalotten und den restlichen Senf ins Bratfett geben, Wein zugießen und Crème fraîche einrühren. Die rohen Kartoffeln reiben, mit kleingehackten Zwiebeln und dem Ei verrühren, würzen. Jeweils einen Eßlöffel voll ins heiße Öl geben und von jeder Seite knusprig braten. Die Filets in Scheiben schneiden und auf den Puffern mit etwas Soße anrichten. Mit Brunnenkresse und Crème fraîche garnieren. Salat aus Blattspinat mit Essig-Öl-Marinade als Beigabe reichen.

Seezungenrouladen mit Nordseehummer

In der Familie der Plattfische zählen die Seezungen zum Feinsten. Die Verbindung mit dem ebenfalls hochgeschätzten Hummer ist also eine durchaus standesgemäße „mariage".

1 Hummer von 600 g, Salz, 4 Eier, ⅛ Liter Sahne, Salz, weißer Pfeffer, 4–6 Seezungenfilets, 150–200 g Spinatblätter.
Für den Fischfond: 1 kg Fischgräten und Fischteile, ¼ Liter Wasser, ⅛ Liter Weißwein, 1 Zwiebel, 1 Lorbeerblatt, 5 weiße Pfefferkörner, ⅛ Liter Sahne, Butter, 1 Bund Suppengrün, 2 Teelöffel Tomatenmark

Hummer in kochendem Salzwasser 12–15 Minuten garen (Hummerfond aufbewahren!). Halbieren und Fleisch aus den Schalen lösen. Die Hälfte davon kühl stellen. Restliches Fleisch, Eier, Sahne und Gewürze im Mixer pürieren, abschmecken und kühl stellen. Seezungenfilets glattschneiden, würzen. Mit blanchierten, gut abgetropften Spinatblättern belegen und mit der gekühlten Hummerfarce bestreichen. Fischfilets aufrollen, zusammenbinden. Alle Zutaten für den Fischfond 30 Minuten köcheln lassen. Durchseihen, Sahne zufügen. Fischrouladen darin 15 Minuten ziehen lassen. Hummerschalen zerkleinern und in Butter mit zerkleinertem Suppengrün anbraten. Tomatenmark zugeben. Fischrouladen aus dem Fond nehmen, warm stellen. Den Fond zum Röstgemüse geben, 10 Minuten einkochen lassen. Rouladen in Scheiben schneiden. Hummer-Sahne-Fond passieren und über die Fischscheiben geben. Die andere Hummerhälfte im Hummerfond erwärmen und als Garnierung zu den Fischrouladen-Scheiben geben. Mit einer Reiskugel zusammen auftragen.

Sietländer Hochzeitssuppe

Im Sietland, wörtlich: niedriges Land, zwischen Bederkesa und Otterndorf ist es noch heute Tradition, bei großen Bauernhochzeiten diese Suppe als Hauptgericht zu reichen.

2 kg Rindfleisch (Rinderbrust oder Beinrolle), 2 Lorbeerblätter, 3 Stangen Lauch, 3 Möhren, ½ Sellerieknolle, 4 Zwiebeln, Salz.
Für die Fleischklößchen:
1 kg gemischtes Rinderhackfleisch, 2 eingeweichte, gut ausgedrückte Brötchen, 2 Eier, Salz, weißer Pfeffer, geriebene Muskatnuß.
Für den Rosinenreis:
250 g Langkornreis, Salz, 40 g Butter, 125 g Rosinen

Fleisch mit dem Lorbeer und dem geputzten Gemüse in 3 Liter Salzwasser aufsetzen und 2–2½ Stunden garen. Für die Klößchen das Hackfleisch mit allen Zutaten mischen. Haselnußgroße Klößchen formen, in gesalzenem Wasser ziehen lassen. Dann warm stellen; später in die Brühe geben. Reis in 1 Liter Wasser ausquellen lassen, Salz, Butter und vorher eingeweichte Rosinen untermischen.

Und so wird die Suppe serviert: Die Brühe mit Fleischklößchen wird in einer Terrine, der Reis in einer Schüssel auf den Tisch gegeben, dazu gesellt sich auf einer Platte das aufgeschnittene Fleisch. Als Beilage werden Weißbrot mit Butter und Zimtpflaumen gereicht. Zimtpflaumen sind eingeweichte, mit Stangenzimt und Zitronenschale gekochte Kurpflaumen, die mit etwas Vanille-Pudding vermischt und mit Rum abgeschmeckt werden.

Spargel „Lüneburger Art"

Nicht so bekannt wie der Spargel aus der Braunschweiger Gegend, ist der aus Lüneburg mehr ein „Geheimtip".
Als klassische Beilage gibt es auch in Lüneburg gekochten oder rohen Schinken dazu.

1½ kg frischer Spargel, 30 g Butter, Salz, 1 Teelöffel Zucker, 2 Liter Wasser

Spargelstangen abspülen und abtropfen lassen. Vom Kopf her schälen und portionsweise mit Garn zusammenbündeln. Butter, Salz und Zucker mit 2 Liter Wasser in einem länglichen Topf aufkochen. Spargelbündel hineingeben. Zugedeckt 20 Minuten ziehen lassen. Dann herausnehmen, abtropfen lassen und auf einer Spargelplatte anrichten.
Beilagen: Junge Heidekartoffeln, roher Schinken und braune Butter für den Spargel.

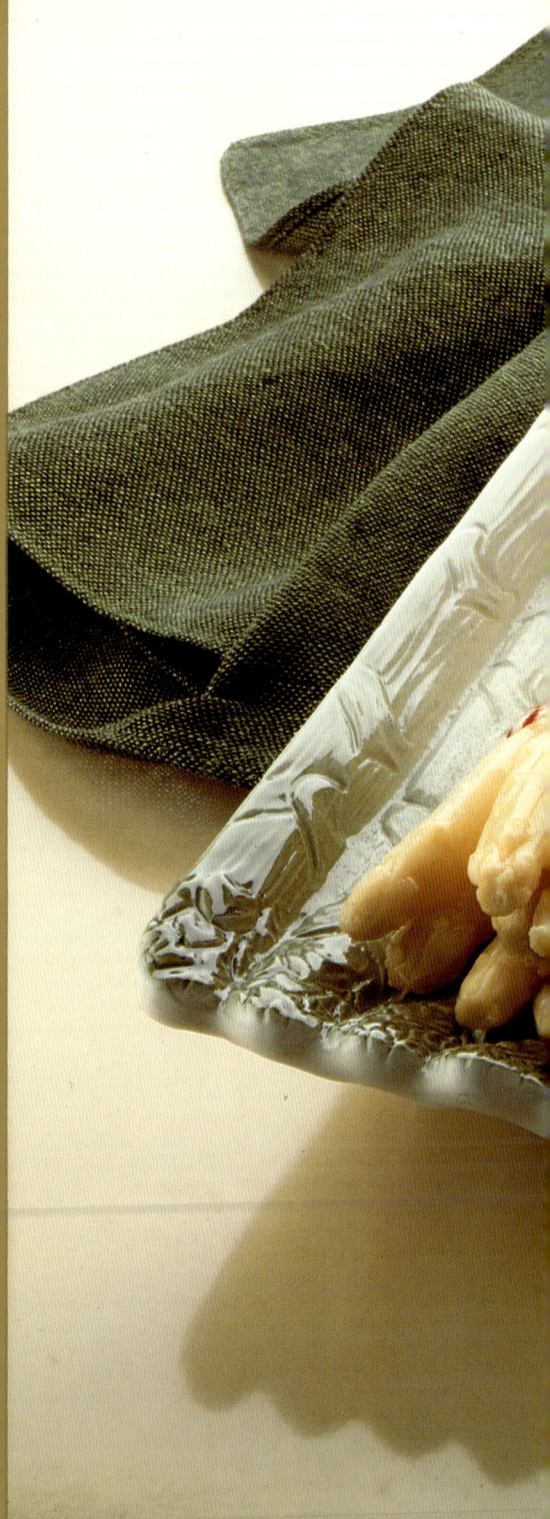

Göttinger Speckkuchen

Dieser Kuchen ist in seiner unübertroffenen Einfachheit, sowohl in den Zutaten als auch in der problemlosen Herstellung, so begeisternd, daß man ihn ganz bestimmt nicht nur einmal ißt. Früher wurde er aus Brotteig gebacken, heute meist aus Hefeteig. Hier eine Variante mit Blätterteig. Ein herber Weißwein harmoniert besonders gut damit.

1 Paket tiefgefrorener Blätterteig (300 g), Mehl, 125 g durchwachsener Speck, 2 mittelgroße Zwiebeln (125 g), 1 Becher saure Sahne (200 g), 3 Eier, ½ Eßlöffel Kümmel, Salz

Blätterteig auftauen lassen und auf einem mit Mehl bestäubten Teigbrett ausrollen. Eine Springform damit auslegen, dabei den Rand etwa 5 cm hochziehen. Mit einer Gabel mehrmals einstechen. Speck und Zwiebeln sehr fein würfeln, in einer Pfanne glasig werden lassen und auf dem Teig verteilen. Sahne, Eier und Gewürze verrühren und auf den Belag gießen. In den vorgeheizten Backofen, mittlere Schiene, stellen und bei 220°C 30 Minuten backen.

Steckrübensalat

Für die meisten Menschen heutzutage verknüpfen sich mit dem Begriff „Steckrübenwinter" keine persönlichen Erinnerungen mehr. Trotzdem hat sich der schlechte kulinarische Ruf der Steckrübe von damals bis heute erhalten. – Zu Unrecht, wie wir meinen, und wir hoffen, daß dieses Rezept ein wenig zur Ehrenrettung der verkannten Kohlrübe beiträgt.

250 g gegarte Steckrüben, 250 g kleine, gekochte Pellkartoffeln, 1 mittelgroße Möhre, 1 Eßlöffel tiefgefrorene feine Erbsen, Salz, 1 Apfel (Granny Smith), 1 Essiggurke, 1 kleine Zwiebel, 200 g gekochter Schinken, Salz, frisch gemahlener weißer Pfeffer, Saft einer Zitrone, 4 Eßlöffel Crème fraîche, 2 Eßlöffel Magerjoghurt, 3 Eßlöffel Zitronensaft, Salz, weißer Pfeffer, 1 Prise Zucker, 2 Teelöffel Pfeffer

Steckrüben und Pellkartoffeln schälen und in Scheibchen schneiden. Möhre in Stifte schneiden und zusammen mit den Erbsen in gesalzenem Wasser blanchieren. Den ungeschälten Apfel und die Gurke in Scheiben, die Zwiebel in Ringe und den Schinken in Streifen schneiden. Alles zusammenmischen, salzen und pfeffern. Mit Zitronensaft beträufeln. Für die Salatsoße Crème fraîche, Magerjoghurt, Zitronensaft und Gewürze verrühren. Den Salat auf einem großen Teller anrichten und die Soße in der Mitte verteilen. Obenauf den Pfeffer geben.

Stinte gebacken

Stinte kommen an den Küsten Nordwesteuropas sowie an den Flußmündungen und Unterläufen sauberer Flüsse vor. Sie werden etwa 10–20 cm lang und wiegen höchstens 50 g. Wichtig bei der Zubereitung ist, daß man die Eingeweide durch das Herausziehen des Kopfes mit entfernt, so daß der Bauch geschlossen bleibt.

*1 kg Stinte, Salz,
200 g durchwachsener Speck,
50 g Butter, 2 Eier, Semmelbrösel*

Die Stinte schuppen, die Köpfe mit den daranhängenden Eingeweiden herausziehen, abspülen und trockentupfen. Mit Salz einreiben und 30 Minuten ziehen lassen. Speck in kleine Würfel schneiden und in der Pfanne auslassen. Butter zugeben. Fische erst in verrührtem Ei, dann in Semmelbröseln wenden. Im heißen Fett von beiden Seiten goldgelb braten.

Stopsel

Dieses Gericht kommt aus der Gegend um Bramsche, wurde bei Schlachtfesten zubereitet und gilt als gute Unterlage für etliche „Korn".

½ Schweinskopf mit Ohr (2 kg), 4 Teelöffel Salz, 2 Lorbeerblätter, 15 weiße Pfefferkörner, 10 Wacholderbeeren, 3 Zwiebeln, 1 Bund Suppengrün, 125 g Hafergrütze, Salz, weißer Pfeffer

Den halben Schweinskopf vom Fleischer in 4 Teile sägen lassen, in 2 Liter Salzwasser aufsetzen, aufkochen, abschäumen, dann die Gewürze, die geschälte Zwiebel und das kleingeschnittene Suppengrün hinzugeben. Bei mittlerer Hitze etwa 2½ Stunden kochen lassen. Das Fleisch mit dem Gemüse aus der Brühe nehmen, die Brühe durchseihen. Fleisch von den Knochen befreien und mit dem Gemüse durch die mittlere Scheibe des Fleischwolfs drehen. Mit ½ Liter Brühe mischen, aufkochen und die Grütze einstreuen. Bei kleiner Hitze 40 Minuten köcheln lassen, dann ausschalten und bei Speicherhitze noch 15 Minuten ausquellen lassen. Stopsel mit Salz und Pfeffer abschmecken und auf einem vorgewärmten Teller servieren. Die zünftige Beilage: Graubrot mit Butter.

Welfencreme

Die Welfen gehörten zu den ältesten Herrschergeschlechtern Deutschlands. Seit Heinrich dem Löwen ist der welfische Löwe Wappentier zwischen Elbe und Weser. Hausfarben der Welfen sind gelb und weiß, und so bekam diese Nationalspeise wegen der weißen Creme und der gelben Soße ihren Namen.

½ Liter Milch, 40 g Zucker, 1 Päckchen Vanillezucker, 45 g Speisestärke, 3 Eiweiß, 3 Eigelb, ¼ Liter Weißwein, 1 Eßlöffel Zitronensaft, 1 gestrichener Eßlöffel Speisestärke, etwas abgeriebene Schale einer ungespritzten Zitrone

Dreiviertel der Milch mit Zucker und Vanillezukker in einem Topf aufkochen. Speisestärke mit der restlichen Milch verquirlen und in die heiße Milch rühren. Kurz aufkochen lassen. Eiweiß steifschlagen und unterheben. Kleine Schälchen zur Hälfte damit füllen. Abkühlen lassen. Für die Weinschaumsoße die restlichen Zutaten miteinander verrühren und bei kleiner Hitze in einem hohen Topf so lange schlagen, bis die Masse aufsteigt und schaumig-dicklich wird. Den warmen Weinschaum löffelweise auf die abgekühlte Speise geben.

Wildente auf Linsen

Wildenten schmecken frisch am besten, und deshalb ist es ratsam, dieses Wassergeflügel noch im Federkleid zu kaufen. Vom 1. August bis 15. Januar ist Jagdzeit.

Für 2 Personen: 1 Wildente (etwa 800 g), 1 kleines Bund Suppengrün, 2 Eßlöffel Öl, 1 kleine gehackte Zwiebel, 1 Teelöffel Kräuter der Provence, 2 zerdrückte Wacholderbeeren, je 1/8 Liter roter Bordeaux und Wasser, Salz, weißer Pfeffer, 2 kleine Möhren, 1 Bund Petersilie, Butter.
Für die Linsen: 500 g kleine Linsen, 1 Bund Suppengrün, geräucherter Schinken

Von der Ente Hals und Flügel abschneiden. Diese mit den Innereien und dem kleingeschnittenen Suppengrün in etwas Öl anbraten, Zwiebelwürfel, Kräuter und Wacholderbeeren zufügen. Gut anbraten, mit Rotwein und Wasser ablöschen. Ohne Deckel um 1/3 einkochen lassen. Ente rundherum und innen salzen und pfeffern, Möhren und Petersilie in den Bauch stecken. Restliches Öl im Bräter erhitzen. Die Ente rundherum anbraten. Mit Butter bestreichen. Bei 220°C 15 Minuten schmoren. Herausnehmen und die Brustfilets mit dem Flügelknochen ablösen. Die Keulen noch 12 Minuten weiterbraten. Fond entfetten, durchseihen, 10 Minuten kochen. Entenbrust schräg aufschneiden, mit der Soße und den Keulen auf kleinen Linsen anrichten, die mit Suppengrün und Schinken gekocht wurden.

Wildschweinkeule mit Hagebuttensoße

Unsere Vorfahren mußten die Schwarzkittel noch mit dem Sauspieß erlegen, und Jagdgeschichten, die von einem für den edlen Waidmann unrühmlichen Ausgang berichten, sind nicht selten.
Lassen wir uns deshalb den Wildschweinbraten mit dem beruhigenden Wissen schmecken, daß unsere moderne Zeit auch den Jägern ihr Handwerk erleichtert hat.

---

1 Wildschweinkeule (1½ kg), Salz, schwarzer Pfeffer, 5 Eßlöffel Öl, 1 Zwiebel, 1 Bund Suppengrün, 1 Lorbeerblatt, 1 Messerspitze Cayennepfeffer, 1 Wacholderbeere, 1 Glas Rotwein, ¾ Liter heiße Fleischbrühe, 125 g Hagebuttenmarmelade, Salz, frisch gemahlener weißer Pfeffer, 1 Becher saure Sahne (100 g), etwas Zitronensaft

---

Fleisch abspülen, trockentupfen und mit Salz und Pfeffer einreiben. In Öl anbraten, gehackte Zwiebel, Suppengrün und die Gewürze hinzugeben. 10 Minuten braten. Mit Rotwein auffüllen. Im vorgeheizten Backofen bei 220°C 1 Stunde braten. 30 Minuten vor Ende der Garzeit die Brühe zugießen, die Keule häufig mit Bratfond begießen. Fleisch herausnehmen, warm stellen. Den Bratfond loskratzen, Hagebuttenmarmelade, Gewürze und Sahne einrühren. Noch etwa 8 Minuten kochen. Durchgießen und mit Zitronensaft abschmecken. Fleisch aufschneiden, die Soße separat dazu reichen.
Gut dazu passen Rosenkohl und Kartoffelpüree.

Wirsing-Eintopf

Ob man Welsch- oder Savoyerkohl sagt, gemeint ist stets der Kohl, der als Frühwirsing grün, als Herbst- und Winterwirsing gelblich ist. Bei letzterem sind die Köpfe geschlossen, der Frühwirsing hat offene Köpfe.

750 g Ochsenbrust, einige Markknochen, Salz, 1 Möhre, 1 Stück Sellerieknolle, 1 Stange Lauch, 5 weiße Pfefferkörner, 1 Lorbeerblatt, 1 mittelgroßer Wirsing, 500 g Kartoffeln, 200 g durchwachsener Speck, 1 Zwiebel

Ochsenbrust abspülen und mit den Markknochen in 1½ Liter Salzwasser aufkochen, abschäumen und zusammen mit dem Suppengrün und den Gewürzen bei mittlerer Hitze zugedeckt 2 Stunden kochen lassen. Dann das Fleisch herausnehmen, die Brühe durchseihen und darin den geputzten, grobblättrig geschnittenen Wirsing 15 Minuten ziehen lassen. Kartoffeln schälen, würfeln und in einem Topf separat garen. Speck würfeln, in einer Pfanne auslassen und mit der gehackten Zwiebel glasig braten. Ochsenbrust in Würfel schneiden und zusammen mit den Kartoffeln, dem Speck und den Zwiebeln zu dem Wirsing in den Eintopf geben.

Zuckerschotensuppe mit Krebsen

Dieses herrliche Gemüse in Verbindung mit den frischen Krebsen ist durch seine appetitliche Farbkomposition ein wahrer Augenschmaus.

400 g Zuckerschoten, ½ Liter heiße, kräftige Geflügelbrühe, 3 Eßlöffel Sahne, 40 g Butter, Salz, weißer Pfeffer aus der Mühle, 8 lebende Flußkrebse, Salz, 1 Prise Zucker, Dillsamen

Die Zuckerschoten in der Geflügelbrühe 4 Minuten köcheln lassen. Dann alles im Aufsatz der Küchenmaschine pürieren, anschließend passieren und erhitzen. Sahne, Butter und Gewürze zufügen. Krebse mit Zucker und Dill in kochendem Salzwasser 10 Minuten ziehen lassen. Herausnehmen, den Schwanz vom Körper abtrennen. Die Suppe in vorgewärmte Teller füllen und mit den Krebsschwänzen garniert servieren.

Hannoversches Zungenragout

Dieses Zungenragout darf bei großen Familienfesten im Hannoveraner Gebiet nicht fehlen. Es wird dann als Zwischengericht, d. h. als zweites Fleischgericht, gereicht. Das Typische daran sind die braune Soße, die nicht gepökelte Zunge und die Schalotten.

*1 kg Rinderzunge, Salz, einige Rinderknochen, 200 g Suppengrün, 1 gewürfelte Zwiebel, 40 g Butter, 50 g Mehl, Salz, weißer Pfeffer, geriebene Muskatnuß, etwas Zitronensaft, je 3 Eßlöffel Madeira und Rotwein.
Für die Klößchen:
300 g Schweinemett, 1 Ei, 50 g Semmelbrösel. 100 g Schalotten, 20 g Butter, 150 g Champignons, 100 g Saucissen (Cocktailwürstchen)*

Rinderzunge in reichlich Salzwasser zusammen mit den Rinderknochen aufkochen, dann abschäumen und mit dem Suppengrün etwa 2½ Stunden garkochen. Die gewürfelte Zwiebel in der Butter glasig werden lassen, Mehl zugeben und unter ständigem Rühren bräunen. Mit ½ Liter Zungenbrühe aufgießen und 20 Minuten kochen, abschmecken. Für die Klößchen alle Zutaten mischen und kleine Klößchen formen. In der restlichen Brühe garziehen lassen. Herausnehmen, abtropfen. Schalotten in der zerlassenen Butter zusammen mit den Champignonscheiben dünsten. Saucissen zugeben. Alles zusammen mit der in Würfel geschnittenen Zunge und den Mettbällchen in die Soße geben und darin noch einmal aufkochen lassen.
Beilagen: Salzkartoffeln oder Reis, grüner Salat.

Schlußwort

Unser herzlicher Dank den Wirten und Küchenmeistern:

Herrn Alwin Badenhoop, Restaurant Luisenhöhe, 3030 Walsrode 1,
Herrn Lothar Beck und Frau Ingrid, Altes Forsthaus Beck, 4450 Lingen/Ems,
Herrn Walter Breyer, Romantik-Hotel Hilling, 2990 Papenburg,
Herrn Dieter G. Gerdes, Landhaus am Schloßpark, 2902 Rastede,
Herrn Alfred Hansen, Romantik-Hotel Josthof, 3145 Salzhausen,
Herrn Helmut Herbst und Frau Bärbel, Romantik-Hotel Tanne 3389 Braunlage 1,
Herrn Hans-Jürgen Kattau, „Dreimädelhaus", 2805 Stuh-Heiligenrode, OT Kirchseelte,
Herrn Fritz Körber, Romantik-Hotel Menzhausen, 3418 Uslar,
Herrn Dieter Knoop, Restaurant Heide-Kröpke, 3031 Ostenholz,
Herrn O. Kuben, Kur- und Badehotel Wittekind, 497 Bad Oeynhausen 1,
Familie Lachmann, Hotel „Zum Biber", 2855 Beverstedt,
Herrn Andreas Lüssenhop, „Witten's Hop", 3000 Hannover 51,
Herrn Günther Manke und Frau, Waldschlößchen-Bösehof, 2852 Bederkesa,
Herrn Wilhelm Menke und Frau Helma, Gasthof Menke, 3041 Niederhavenbeck,
Herrn Claus-Dieter Molzahn, Restaurant Kupferschmiede, (Inh. Wolfgang Bleckmann), 3200 Hildesheim,
Herrn Heinz Neßbach, „Zur Deepen Wisch", 2806 Oyten,
Frau Marlene Orth, Hotel-Restaurant Gut Moorbeck, 2907 Großenkneten,
Herrn Jürgen Raube jun., Idingshof, 4550 Bramsche,
Herrn Wittich Rüsseler, Hotel Rodetal, 3406 Bovenden 1,
Herrn Ernst Rißmann, Fürstenhof Celle, Restaurant Endtenfang, 3100 Celle,
Herrn Manfred Rothweiler, Hotel Werrastrand, 3510 Hann. Münden 18,
Herrn Axel Schaffeld, Hotel zur Linde, 3011 Pattensen,
Frau Schmaler, Gasthof Stumpf, 3141 Embsen,
Herrn Fritz Wichmann und Frau Ilse, Gastwirtschaft Fritz Wichmann, 3000 Hannover-Döhren,
Herrn Gerd zur Brügge jun., Jagdhaus Eiden am See, 2903 Bad Zwischenahn.

Außerdem herzlichen Dank für die freundliche Unterstützung:

Frau Elfriede Dolinski, 3423 Bad Sachsa,
Frau Ingrid Winnefeld, 3392 Clausthal – Zellerfeld, Osterröderstr. 6,
Presseabteilung der Bavaria Brauerei in Hamburg,
Presseabteilung der Porzellanmanufaktur Fürstenberg,
Presseabteilung der Fa. Bahlsen, Keksfabrik KG,
Köchevereinigung Weserbergland e. V.,
Verein der Köche von Celle,
Verein der Köche Hameln-Bad Pyrmont e. V.,
Vereinigung Harzer Köche von 1948 e. V.,
Fremdenverkehrsverband Lüneburger Heide e. V.,
Fremdenverkehrsverband Nordsee-Niedersachsen-Bremen e. V.,
Fremdenverkehrsverband Weserbergland-Mittelweser e. V.,
Presse- und Informationsamt der Staatskanzlei Hannover,
Oberkreisdirektor des Landkreises Göttingen,
Oberstadtdirektor der Stadt Braunschweig.

Die Rezepte nach Gruppen

Soweit in den Rezepten nichts anderes
vermerkt ist, sind die Zutaten
für vier Personen berechnet.

Suppen und Eintopfgerichte
Ammerländer Mockturtle   54
Buntes Huhn   72
Enten-Eintopf   78
Fischeintopf „Nesbach"   86
Forellenrahmsuppe mit Fenchelkraut   90
Hagebuttensuppe   100
Bremer Kükenragout   120
Lederne Jungs   126
Bederkesaer Räucheraalsuppe   150
Runx-Munx   158
Sauerampfersuppe mit Lachsstreifen   160
Sietländer Hochzeitssuppe   178
Wirsing-Eintopf   196
Zuckerschotensuppe mit Krebsen   198
Hannoversches Zungenragout   200

Vorspeisen und Zwischengerichte
Cocktail vom rohen Spargel   74
Möhrensoufflé „Stefan"   132
Schollensoufflé mit Specksoße   172

Salate und Beilagen
Sauerkraut-Torte   164
Steckrübensalat   184

Fleischgerichte und Wurst
Beutelwurst mit Kartoffelsalat   56
Braunschweiger Steek   60
Heidelammrücken mit Wirsing gefüllt   102
Heidschnuckenleber mit Äpfeln und Zwiebeln   106
Heidschnuckenlende „Lüneburger Art"   108
Knipp   118
Oberharzer Pritschewerk   138
Pannenslag   140
Pökelfleisch in Rotwein-Gelee   146
Rökert auf Großenorter Art   156
Sauerfleisch nach altem Hausrezept   162
Schinken im Heu   166
Schweinefilet mit Kartoffelpuffern   174
Stopsel   188

Fischgerichte
Steinhuder Meeraal   52
Harzer Bachforelle mit Krebsoße   88
Heringe mit Speckstippe   112
Karpfen-Frikassee   116
Lachs im Blätterteig   122
Lachsforelle mit frischen Krebsen   124
Warmes Matjesfilet mit Mandel-Kräutersoße   128
Matjes-Tatar in der Kartoffel   130
Muschelterrine mit Algen   134
Seezungenrouladen mit Nordseehummer   176
Stinte gebacken   186

Wild- und Geflügelgerichte
Altländer Ente   76
Fasanenbrust mit Steinpilzauflauf   84
Frischlingskeule mit Backpflaumen   92
Gänseschinken – bodengetrocknet   96
Rehsteak mit Kohlbeutelchen   152
Wildente auf Linsen   192
Wildschweinkeule mit Hagebuttensoße   194

Gemüse- und Kartoffelgerichte
Beutelwurst mit Kartoffelsalat   56
Papenburger Blumenkohl   58
Broccoliparfait   62
Gestovte Erbsen und Wurzeln   80
Hackus und Kniste   98
Matjes-Tatar in der Kartoffel   130
Oberharzer Pritschewerk   138
Plaaten in de Pann   144
Spargel „Lüneburger Art"   180

Nachspeisen und Aufläufe

Errötendes Mädchen 82
Parfait von Heideblütenhonig 142
Rhabarber-Auflauf 154
Welfencreme 190

Kuchen, Torten und Kleingebäck

Buchweizentorte 70
Heißwecken 110
Prilleken 148
Schmandkuchen 170
Göttinger Speckkuchen 182

Eier- und Mehlspeisen

Buchweizen-Apfelpfannkuchen 64
Buchweizenpuffer mit Kronsbeeren 66
Buchweizen-Speckpfannkuchen 68
Oberharzer Pritschewerk 138

Getränke

Fruchtlikör 94
Heidelbeerlikör 104
Holunderbeersekt 114
Nußlikör 136
Schlehenlikör 168

Die Rezepte alphabetisch

Aal, Bederkesaer Räucheraalsuppe 150
Aal, Steinhuder Meeraal 52
Altländer Ente 76
Ammerländer Mockturtle 54

Bachforelle, Harzer, mit Krebssoße 88
Beutelwurst mit Kartoffelsalat 56
Bederkesaer Räucheraalsuppe 150
Blumenkohl, Papenburger 58
Braunschweiger Steek 60
Bremer Kükenragout 120
Broccoliparfait 62
Buchweizen-Apfelpfannkuchen 64
Buchweizenpuffer mit Kronsbeeren 66
Buchweizen-Speckpfannkuchen 68
Buchweizentorte 70
Buntes Huhn 72

Cocktail vom rohen Spargel 74

Ente, Altländer 76
Ente, Wildente auf Linsen 192
Enten-Eintopf 78
Erbsen und Wurzeln, gestovt 80
Errötendes Mädchen 82

Fasanenbrust mit Steinpilzauflauf 84
Fischeintopf „Nesbach" 86
Forelle, Harzer Bachforelle mit Krebssoße 88
Forellenrahmsuppe mit Fenchelkraut 90
Frischlingskeule mit Backpflaumen 92
Fruchtlikör 94

Gänseschinken – bodengetrocknet 96
Gestovte Erbsen und Wurzeln 80
Göttinger Speckkuchen 182

Hackus und Kniste 98
Hagebuttensuppe 100
Hannoversches Zungenragout 200
Harzer Bachforelle mit Krebssoße 88
Heidelammrücken mit Wirsing gefüllt 102
Heidelbeerlikör 104

Heidschnuckenleber mit Äpfeln und Zwiebeln 106
Heidschnuckenlende „Lüneburger Art" 108
Heißwecken 110
Heringe mit Speckstippe 112
Hochzeitssuppe, Sietländer 178
Holunderbeersekt 114

Karpfen-Frikassee 116
Knipp 118
Kükenragout, Bremer 120

Lachs im Blätterteig 122
Lachsforelle mit frischen Krebsen 124
Lederne Jungs 126

Matjesfilet, warmes, mit Mandel-Kräutersoße 128
Matjes-Tatar in der Kartoffel 130
Möhrensoufflé „Stefan" 132
Muschelterrine mit Algen 134

Nußlikör 136

Oberharzer Pritschewerk 138

Pannenslag 140
Papenburger Blumenkohl 58
Parfait von Heideblütenhonig 142
Plaaten in de Pann 144
Pökelfleisch in Rotwein-Gelee 146
Prilleken 148

Räucheraalsuppe, Bederkesaer 150
Rehsteak mit Kohlbeutelchen 152
Rhabarber-Auflauf 154
Rökert auf Großenorter Art 156
Runx-Munx 158

Sauerampfersuppe mit Lachsstreifen 160
Sauerfleisch nach altem Hausrezept 162
Sauerkraut-Torte 164
Schinken im Heu 166

Schlehenlikör 168
Schmandkuchen 170
Schollensoufflé mit Specksoße 172
Schweinefilet mit Kartoffelpuffern 174
Seezungenrouladen mit Nordsee-
    hummer 176
Sietländer Hochzeitssuppe 178
Spargel „Lüneburger Art" 180
Speckkuchen, Göttinger 182
Steckrübensalat 184
Steinhuder Meeraal 52

Stinte gebacken 186
Stopsel 188

Welfencreme 190
Wildente auf Linsen 192
Wildschweinkeule mit Hagebutten-
    soße 194
Wirsing-Eintopf 196

Zuckerschotensuppe mit Krebsen 198
Zungenragout, Hannoversches 200

Bildquellen:

Rudolf Albers: 2 gr. Bild, 17 r., 19
Fremdenverkehrsamt in Stade: 48
Freundeskreis Till Eulenspiegels e. V.,
    Schöppenstedt: 29
Porzellanmanufaktur Fürstenberg:
    38/39 (5, außer u. r.)
Kinkelin/Herford: 20/21
Ulrich Kirmes: 8/9
laenderpress/Klaes: 49
laenderpress/Mader: 40/41
Landkreis Lüchow-Dannenberg: 24/25
Opitz: 26, 27
C. L. Schmitt: 14/15, 22/23, 34/35
Sirius Bildarchiv/Hans-Joachim Döbbelin:
    12/13 (5), 52–200
Sirius Bildarchiv/Erhard Hehl:
    2 (8), 7, 11, 16/17 l., 32/33 (5), 39 u. r.
Sirius Bildarchiv/v. Hoorick:
    2 zweite Reihe r., 42/43, 46/47
Sirius Bildarchiv/G. Schmidt: 2 untere Reihe l.

In unserer Kochbuchreihe

Kulinarische Streifzüge

sind in gleicher Ausstattung
bereits erschienen
die Bände

Schwaben **Baden**
Bayern **Franken**
Hessen **Pfalz**
Rheinland **Westfalen**
Friesland **Deutschland**
Österreich **Jugoslawien**
Schweiz **Elsaß**
Toskana

Die Reihe wird fortgesetzt.

SIGLOCH EDITION